OUVRAGES DE BOKAR RIMPOTCHÉ CHEZ LE MÊME ÉDITEUR :

- *La Méditation, conseils aux débutants.*
- *Profondeur de la sagesse.*
- *La Journée du pratiquant.*
- *Mort et art de mourir dans le bouddhisme tibétain.*
- *L'Aube du mahamoudra.*
- *Tchènrézi.*
- *Prendre Refuge.*
- *Soleils du dharma, vol. 1.*
- *La Porte du sens définitif.*
- *Vie de Bokar Rimpotché.*
- *Le Vœu de bodhisattva.*

ISBN 2 905998-36-9

BOKAR RIMPOTCHÉ

SAVOIR MÉDITER

Traduction et rédaction:
François Jacquemart

Claire Lumière

Nature
immanente
du samsara et du nirvana : la
claire lumière.

Le saint lama montre le mode
d'être : la claire lumière.

Puissent les fortunés qui pratiquent
le mahamoudra-claire lumière

Devenir bouddha dans le cœur
de l'éveil : la claire lumière.

BOKAR
RIMPOTCHÉ

Sommaire

De nombreux termes couramment utilisés dans la tradition tibétaine ne sont pas expliqués dans le cours du texte. On en trouvera des définitions simples et claires dans notre

PETIT LEXIQUE CLAIRE LUMIÈRE

DU BOUDDHISME TIBÉTAIN

(disponible en librairie ou par correspondance aux Editions Claire Lumière).

Présentation

Note

Les enseignements contenus dans cet ouvrage ont déjà été publiés sous le titre *La Méditation, conseils aux débutants 2*. Etant donné qu'en réalité, il est préférable qu'ils soient lus avant le tome *1* de *La Méditation, conseils aux débutants*, nous avons profité de cette réédition sous un nouveau format pour lui donner un titre plus adapté à son contenu.

Méditer est, en Orient, un exercice millénaire, dont l'unique but est de découvrir la réalité de l'être derrière les fluctuations du psychisme. Son caractère sacré est évident.

Dans la tradition tibétaine, de nombreux maîtres du passé ont écrit de profonds traités, enseignant, avec subtilité et rigueur, l'art de la méditation. S'ils pouvaient le faire, c'est qu'ils avaient atteint la perfection de cet art, accompli la découverte qui fait passer de l'état d'individu ordinaire à celui d'être libéré.

Bokar Rimpotché se situe dans le même courant. Ce qu'il transmet, avec une pédagogie qui lui est propre tout en restant imprégnée de la force de la tradition, il l'a assimilé, puis réalisé. Aussi sa parole est-elle marquée du sceau de l'authenticité et de la vérité. Il sait de quoi il parle pour en avoir l'expérience directe. Il connaît le chemin et le terme du chemin.

Les enseignements de ce recueil ont été pour la plupart donnés par Bokar Rimpotché lors d'un voyage qu'il fit en Europe en 1987. De l'un à l'autre, on trouvera parfois la reprise des mêmes thèmes. Nous n'avons pas voulu "couper", car ce qui est exposé est si subtil — malgré une apparence de simplicité qu'accréditerait une lecture rapide — que de nouvelles nuances ou de nouveaux angles de vue ne peuvent qu'enrichir grandement notre compréhension. Il suffit parfois d'un mot pour qu'une étincelle jaillisse...

La méditation est beaucoup moins un sujet de discours qu'un sujet de pratique. Il est évident que le lecteur qui veut tirer profit de ce petit volume ne peut l'aborder comme on lirait un récit ou un ouvrage de vulgarisation. Il lui faut lire et mettre en pratique, mettre en pratique et lire: la méditation lui fera comprendre ce que véhiculent les mots, les mots l'aideront à comprendre les découvertes de la méditation.

A propos de l'auteur

Bokar Rimpotché naquit au Tibet l'an du dragon-fer, c'est-à-dire en 1940, dans une famille d'éleveurs nomades.

Il avait quatre ans lorsque les indications données par Sa Sainteté Karmapa XVI, le hiérarque de l'école Kagyupa, permirent de le reconnaître comme tulkou, réincarnation du précédent Bokar Rimpotché. Elevé d'abord au monastère fondé par sa précédente incarnation, il poursuivit son éducation à Tsourpou, siège des Karmapas. Il assuma très jeune la charge de la communauté de Bokar, située dans le Tibet Supérieur, autrement dit occidental, non loin du Mont Kaïlash, l'un des plus importants lieux sacrés de l'hindouisme et du bouddhisme.

L'invasion chinoise lui fit choisir l'exil, comme à beaucoup d'autres, alors qu'il avait une vingtaine d'années. Au prix de grandes difficultés, il put, accompagné de ceux qui avaient accepté de le suivre, gagner d'abord le Mustang, dans le nord du Népal, puis l'Inde.

C'est là qu'il rencontra Kalou Rimpotché, lui-même en exil, dont il devint le principal disciple, appelé à lui succéder à la tête de la lignée Changpa Kagyu, l'une des huit grandes lignées originelles par lesquelles le bouddhisme passa de l'Inde au Tibet.

Bokar Rimpotché accomplit deux fois la traditionnelle retraite de trois ans et trois mois à Sonada, le monastère indien de Kalou Rimpotché, non loin de Darjeeling, célèbre pour ses collines à thé.

Ses qualités remarquables lui valurent ensuite d'être choisi par Kalou Rimpotché pour diriger les centres de retraite de Sonada, et par Sa Sainteté Karmapa XVI pour prendre en charge celui de Rumtek, nouveau siège des Karmapas au Sikkim, excroissance indienne entre le Népal et le Bhoutan. Il a, par ailleurs, fondé à Mirik, dans la même région, un monastère et un centre de retraite plus spécialement destiné à la pratique de Kalachakra. Ces charges font de lui, à l'heure actuelle, l'un des principaux maîtres de méditation de l'école Kagyupa.

Bokar Rimpotché accorde un très grand soin, en notre époque troublée et difficile, à la préservation et à la transmission pure de l'enseignement du Bouddha. Il s'y efforce dans trois directions:

- à l'intention des Tibétains en exil, en dirigeant les études et la pratique dans son monastère de Mirik et en aidant, autant qu'il le peut, les monastères de Sonada et de Rumtek;
- à l'intention des Tibétains du Tibet, en faisant reconstruire son monastère de Bokar, en y ordonnant des moines et en y réinstituant un centre de retraite;
- à l'intention des Occidentaux, en organisant chaque hiver en Inde un séminaire d'apprentissage de la méditation qui leur est spécialement destiné (voir, à la fin du volume, la description complète de ce séminaire).

SAVOIR

MÉDITER

Le terrain fertile

Parmi toutes les possibilités d'existence, l'existence humaine occupe une place privilégiée[1]. Plus encore, l'Occident jouit à l'heure actuelle de conditions de vie matérielles particulièrement bonnes. Le hasard n'en est pas la cause, mais cet environnement qui s'apparente de nos jours à celui des dieux est, d'un point de vue karmique[2], le fruit d'une activité positive passée, plus spécialement de la pratique du don.

Néanmoins, ces circonstances extérieures heureuses n'échappent pas au domaine de l'existence conditionnée et sont donc, par nature, transitoires et changeantes. D'autre part, si nous n'avons pas découvert la paix intérieure de la vérité ultime, elles restent certainement insuffisantes pour nous procurer un bonheur authentique. Beaucoup d'Occidentaux en prennent maintenant conscience et, désireux de découvrir la réalité intérieure, se tournent vers le dharma[3]. La méditation est ce qui rend possible

cette découverte. L'importance et la portée de la méditation, si nous en apprenons suffisamment l'art, se mesurent aux trois résultats suivants:
- par la méditation, toute souffrance peut être transformée en bonheur;
- par la méditation, les émotions conflictuelles qui agitent notre esprit peuvent être transformées en connaissance primordiale, non-duelle;
- par la méditation le samsara peut être transformé en nirvana, c'est-à-dire le monde ordinaire en réalité éveillée.

Toutefois, méditer implique que l'on connaisse la méthode qui permet de le faire correctement. Il ne suffit pas de se dire: "Je vais méditer" et de rester dans une sorte d'état indéfini.

S'INSCRIRE DANS UNE TRADITION

La méditation fait partie d'un ensemble qu'on appelle une tradition spirituelle. Celle dans laquelle nous nous situons remonte au Bouddha dont les enseignements en sont le fondement et elle a été transmise jusqu'à nous par une succession de maîtres.

Dans cette tradition, le chemin de la méditation commence par la confiance que l'on a en celui qui en fut l'initiateur. Cette confiance s'exprime par l'acte de prise de Refuge[4], par lequel on se place sous l'influence spirituelle du Bouddha. On comprend que le Bouddha peut nous aider lorsqu'on reconnaît la grandeur de ses qualités, qui se résument à trois principales: une connaissance infinie, un amour infini, un pouvoir infini d'aider les êtres. C'est dès lors avec joie et respect qu'on se place sous sa protection et qu'on se fie à lui.

Sans cette confiance mise dans le Bouddha, il nous manquera nécessairement la confiance dans ses enseignements et nous ne pourrons pas méditer en accord avec les instructions qu'ils véhiculent. En revanche, de la confiance en le Bouddha découlera naturellement la confiance dans ses enseignements et, de là, la conviction de la validité des instructions de méditation. Apprendre à méditer ne rencontrera alors pas d'obstacle.

COMPRENDRE NOTRE SITUATION

Sur la base de cette confiance, il est ensuite utile de comprendre notre situation. Elle n'est nullement sans cause. Si nous connaissons maintenant un certain bonheur, c'est le résultat d'une conduite positive dans nos vies passées. Notre souffrance aura au contraire pour cause une activité négative passée. Le bonheur à venir sera de même fondé sur notre attitude positive présente et nos souffrances à venir sur notre attitude négative. C'est un des points essentiels du bouddhisme. Celui qui comprend bien cette relation de cause à effet, qui saisit le rapport à long terme entre ce qui est fait et ce qui est expérimenté, sera spontanément conduit à abandonner toute activité négative et à adopter une conduite de plus en plus juste, ce qui, de surcroît, instaurera une certaine paix intérieure naturelle. Les pensées et les émotions conflictuelles, ainsi que les souffrances qu'elles occasionnent, perdront de leur emprise sur son esprit, et la méditation lui sera facile.

Nous devons par ailleurs comprendre que notre aspiration et celle de tous les êtres sont semblables. Chacun de nous, nous souhaitons le bonheur. Ce désir du bonheur est exactement le même pour tous les êtres. De la même manière que nous ne souhaitons jamais souffrir, de la même manière aucun être ne souhaite jamais souffrir. Par cette compréhension, la colère, l'agressivité et la malveillance s'effaceront naturellement de notre esprit et nous développerons l'amour, la compassion et la bienveillance. Nous pourrons certainement alors commencer à méditer de manière fructueuse.

LE TERRAIN FERTILE

Il est nécessaire de bien comprendre l'importance des fondements qui sont ainsi jetés. Si vous entreprenez de faire pousser une fleur ou un arbre sur un terrain rocailleux ou dans une terre stérile, vous n'obtiendrez pas de résultat. Si, au contraire, vous préparez le terrain, si vous le débarrassez des cailloux, si vous ajoutez de la bonne terre et de l'engrais, vos graines et vos plants grandiront facilement et vigoureusement. Vous obtiendrez bientôt des fleurs. De la même manière, si nous n'avons pas préparé le terrain avec soin, si notre conduite n'est pas juste et si nous n'avons pas engendré en nous-mêmes l'amour et la compassion, notre méditation ne pourra pas se développer. Mais si le terrain est fertile, elle s'épanouira sans difficultés.

LA DISTRACTION

Notre esprit est continuellement attiré par les objets que captent nos sens: les formes que voient nos yeux, les sons qu'entendent nos oreilles, les odeurs, les saveurs et les sensations tactiles. Non seulement il est occupé par ces objets, mais, de plus, dans la relation qu'il établit avec eux, il leur superpose des notions qu'il crée. Il perçoit certains objets comme agréables et développe de l'attachement à leur égard. Il interprète d'autres comme désagréables et conçoit pour eux de l'aversion. Attachement et aversion entraînent à leur tour la souffrance dans l'esprit qui les produit.

Il arrive encore que notre esprit ne soit pas distrait par les objets des sens, que ni les formes, ni les sons, ni les odeurs, ni les saveurs, ni aucun contact ne l'occupent. Il n'en est pas pour autant au repos, car il est habité par un flot de pensées qui se succèdent sans discontinuité et accaparent toute son énergie. Il ne connaît ainsi jamais la paix.

Un certain nombre de ces pensées se réfèrent à ce que nous avons vécu dans le passé, que ce soit le jour même, la veille, la semaine ou le mois précédents, ou encore plusieurs années auparavant. Plus souvent encore, notre esprit se projette dans l'avenir: nous anticipons sur les événements qui auront lieu demain, la semaine prochaine ou le mois prochain. A moins que nous ne soyons en train d'analyser notre état présent. En bref, que nos spéculations portent sur l'un ou l'autre des trois temps, elles ne connaissent pas de cesse. Plus que ces pensées elles-mêmes, ce qui, en réalité, crée la souffrance, c'est la saisie que nous en avons comme quelque chose de réel.

Distrait par les objets des sens ou par la succession des pensées, notre esprit ne demeure jamais stable en sa propre essence. Savoir garder son esprit dans sa propre essence, tel qu'il est, sans être distrait par les phénomènes extérieurs ni par les pensées intérieures, c'est précisément ce qu'on appelle la méditation.

Pour un débutant, méditer de cette manière n'est pas sans difficultés, car l'esprit a tendance à suivre le courant de ses penchants naturels et de ses habitudes. C'est pourquoi il est conseillé, dans la mesure du possible, de méditer dans un lieu retiré, ce qui permet d'éviter un certain nombre de causes de distractions extérieures. Toutefois pour trouver un lieu totalement libre de distractions, peut-être faudrait-il s'établir sur les pentes d'une haute montagne et n'avoir de relation avec personne. Cela risque d'être utopique si vous avez une famille, des enfants, un travail... On peut donc se dire : "C'est bien mon cas, et j'habite en ville ! Autant faire une croix sur la méditation." Ce n'est pas tout à fait vrai, car même en ville on peut méditer.

En effet, lorsqu'on apprend à méditer, il est souvent très difficile de poser l'esprit dans sa propre essence. Aussi prend-on des supports pour le conduire au calme intérieur. Tout objet extérieur peut convenir: un verre, une table, une lumière, une statue du Bouddha, tout objet qui nous plaît. On fixe alors toute notre attention sur l'objet, sans distraction. C'est une simple attention qui n'implique ni analyse ni commentaire. Si, par exemple, on se concentre sur un verre comme celui-ci (*Bokar Rimpotché montre le verre posé sur la table devant lui à l'occasion de l'enseignement*), on n'examine pas sa forme, on ne discourt pas sur ses caractéristiques, on n'évalue pas ses qualités, pas plus qu'on ne se demande s'il contient de l'eau ou une autre boisson. L'esprit est simplement posé sur le verre, sans distraction et sans discours.

Si, lors de cet exercice, l'apparence du verre est très claire et précise, c'est le signe que notre esprit est véritablement concentré. Si, au contraire, le verre devient une apparence floue et imprécise, c'est le signe que notre esprit est emporté par d'autres pensées.

Fait régulièrement, ce type d'exercice, quel que soit l'objet choisi, apportera de grands bienfaits.

Si vous habitez en ville, vous vous trouvez sans doute au milieu de nombreux bruits: les voitures, les machines, etc., toutes ces choses dont on pense qu'elles nous empêchent de méditer. Pourtant si, au lieu de considérer ces bruits comme des obstacles, vous en faites l'objet même de votre attention, ils deviennent le support de votre méditation. Dans ce cas, un bruit fort ou faible, agréable ou désagréable, cela ne fait aucune différence. Là encore, vous pourrez vérifier facilement la qualité de votre attention: si les sonorités sont perçues sans interruption et de manière précise, c'est le signe qu'elle est bonne. Une perception discontinue et vague révélera au contraire son insuffisance.

On peut faire de même avec les autres objets des sens: odeurs, saveurs, contacts, si bien que, où que nous nous trouvions, nous pouvons apprendre à méditer, sans qu'il soit besoin de tout quitter. Se retirer sur une montagne n'a d'autre but que que de nous isoler des objets qui provoquent la distraction. Si nous pouvons méditer en prenant pour support ces mêmes objets, c'est tout aussi bien.

MÉDITER SUR L'ESPRIT

En nous exerçant régulièrement à nous concentrer ainsi sur des objets, nous nous préparons à méditer sur l'esprit. Nous avons vu comment notre esprit était occupé par un continuel flot de pensées portant principalement sur le passé et l'avenir. Un peu de réflexion nous fait pourtant prendre conscience, en premier lieu, de l'inutilité des pensées concernant le passé. Nous faisons resurgir dans notre esprit des événements du passé, et nous en souffrons. Pourtant, ce ne sont que des pensées, rien d'autre, qui, de plus, agitent ce qui n'existe plus du tout: le passé est passé, définitivement. A partir du moment où nous comprenons la non-existence présente de ces événements, où nous comprenons le manque de sens, d'utilité et de profit de ce type de pensées, dès lors elles cessent de nous nuire.

Nous avons la même attitude vis-à-vis de l'avenir: nous pensons à ce que nous devrons faire dans un avenir proche ou lointain, ce qui engendre inquiétudes et soucis et, par conséquent, de la souffrance. Là encore, si nous y réfléchissons bien, nous comprenons que l'avenir, pour le moment, n'existe pas du tout. Il n'y a donc aucune utilité à se créer des difficultés en rapport avec ce qui n'a pas d'existence.

Méditer sur l'esprit, cela signifie qu'on ne suit pas les pensées qui nous entraînent vers l'avenir, qu'on ne suit pas non plus celles qui nous tirent vers le passé. On laisse l'esprit dans le présent, tel qu'il est, sans distraction, sans chercher à rien faire.

De la sorte, une certaine expérience naît dans l'esprit.

Demeurer dans cette expérience aussi longtemps que l'on peut, c'est cela méditer.

Lorsqu'on médite ainsi, on reste simplement dans cette expérience, sans rien y ajouter. On ne se dit pas: "Là, c'est bien; là, ce n'est pas bien; voilà, j'y suis; non, je n'y suis pas; l'esprit est vide; en fait, non, il n'est pas vide", etc. On demeure sans commentaires.

L'expérience de la méditation implique la paix et le bonheur, mais elle reste fondamentalement indescriptible. Il est impossible d'en dire: "c'est cela" ou "ce n'est pas cela".

Pour apprendre à méditer de manière correcte, il ne suffit pas de s'être forgé une opinion personnelle sur ce qu'est la méditation et de s'en servir comme base. Il faut recevoir des instructions d'un maître se rattachant à une tradition authentique. C'est à partir de ces instructions qu'on peut développer une expérience réelle de la méditation.

En particulier, de nos jours, beaucoup de gens s'intéressent à la méditation, mais peu savent méditer. La plupart croient que méditer c'est arrêter toutes les pensées et rester ainsi. C'est une erreur. Dans la méditation, on ne cherche pas à arrêter les pensées. On garde l'esprit ouvert, détendu, posé sans distraction dans la conscience du présent, de sorte que les pensées peuvent s'arrêter d'elles-mêmes. Mais on ne fait rien pour les contraindre à s'arrêter.

Il arrive que des personnes s'essayent à la méditation et font une petite expérience de l'esprit sans pensées, ou du moins avec très peu de pensées. Elles en sont très contentes et se disent : "Ça y est, je médite bien!" Au contraire, d'autres sont découragées par l'apparition d'un grand nombre de pensées et sont persuadées qu'elles sont incapables de méditer. Ce sont deux attitudes erronées. Si notre esprit demeure un moment sans pensées, nous restons simplement dans cet état sans pensées. S'il est habité par les pensées, nous demeurons dans l'esprit avec pensées. On reste dans l'esprit tel qu'il est, sans porter de jugement. "C'est ça, ce n'est pas ça; je médite bien, je ne médite pas bien...": ce sont des complications inutiles.

Dans la méditation, on garde le corps sans tension, à l'aise, au repos. On préserve le silence de la parole, en même temps qu'on laisse la respiration se faire naturellement. On garde l'esprit ouvert, détendu, sans s'accrocher aux pensées du présent ou de l'avenir. L'esprit reste dans un état de grande ouverture et de grande détente, sans appliquer d'effort volontaire pour faire quoi que ce soit, simplement présent. Dans ces conditions, la méditation devient très facile.

On trouvera par ailleurs une aide à la méditation en la faisant précéder de la récitation d'une prière ou de quelques mantras[5], ou de l'offrande d'une bougie. En particulier, dans le vajrayana[6], la prière au maître spirituel est regardée comme un puissant moyen de développer la méditation.

Question. Quelle est la portée de la méditation sur les vies à venir?

Réponse : Si, par la méditation, nous atteignons l'Eveil en cette vie, nous pourrons ensuite, par l'activité de Bouddha[7], aider immensément les êtres. Si ce n'est pas le cas, l'habitude de la méditation créée au cours de cette vie nous permettra, dans les vies à venir, de méditer avec davantage de facilité et de progresser rapidement.

Q. Quel est le but de la vie humaine?

R. Le but le plus élevé que nous puissions atteindre, c'est de sortir du samsara[8].

Q. Qu'est-ce que le karma? Qu'est-ce qui se réincarne?

R. Il faut tout d'abord comprendre ce qu'est l'esprit. Lorsqu'on nous dit quelque chose d'agréable, un certain contentement apparaît en nous. Lorsqu'on nous dit quelque chose de désagréable, naît au contraire un certain mécontentement. Ce qui éprouve l'agrément ou le désagrément, c'est ce que nous appelons notre esprit. Si, néanmoins, nous regardons l'essence de ce qui éprouve, nous ne pouvons trouver aucune "chose": pas de couleur, pas de forme, absolument rien de matériel. En ce sens, il est dit que notre esprit est vide. Bien que vide, il a la capacité de ressentir bonheur et souffrance. Il est donc impossible de dire de l'esprit qu'il existe, puisque qu'il est vide, ou qu'il n'existe pas, puisqu'il y a un ressenti.

Considérons un autre fait. Supposez que votre

esprit soit maintenant occupé par un verre qui se trouve devant vous. Votre esprit, c'est alors la pensée du verre. Puis, vous pensez à autre chose, de sorte que la pensée précédente cesse d'exister. Le passage d'une pensée à l'autre s'effectue sans aucune continuité matérielle. Il y a néanmoins une continuité dans laquelle se situe ce processus d'apparition et de cessation des pensées. Cette continuité, c'est notre esprit. Nous pouvons encore comprendre cette continuité de l'esprit en constatant que, le matin, le processus des pensées reprend celles de la veille, malgré l'interruption de pensées que constitue le sommeil profond.

Le passage d'une vie passée à une vie future se déroule sur le même principe. Il existe une continuité entre l'esprit qui expérimente le jour présent et l'esprit qui expérimentera le jour suivant. Il existe la même continuité entre l'esprit qui expérimente la vie présente et l'esprit qui expérimentera la vie future. C'est tout à fait semblable.

Quant au karma, il faut, là encore, bien comprendre que cela concerne l'esprit et que, par conséquent, ce n'est nullement quelque chose de matériel. Le karma, c'est en fait comme des empreintes qui s'inscrivent dans notre esprit et sont portées par sa continuité. Aujourd'hui, par exemple, nous faisons quelque chose. Puis, vient la nuit où alternent les périodes de sommeil profond, sans aucune pensée, et les périodes de rêves, occupées par d'autres apparences. Pourtant, lorsque nous nous réveillerons demain, nous aurons le souvenir de ce que nous avons fait aujourd'hui. Ce souvenir est comme une empreinte posée dans notre esprit, capable de se réactualiser le lendemain. Le même principe régit le karma.

Ce processus des empreintes karmiques n'est toutefois pas définitif. Nous en devenons libres lorsque nous obtenons l'Eveil.

Q. Pensez-vous que la technique des mantras soit accessible aux Occidentaux?

R. Les habitudes et les coutumes extérieures sont différentes en Orient et en Occident. Dans le domaine spirituel, il n'y a pas de réelle différence. Peut-être pensez-vous que les mantras sont d'un accès difficile parce que vous ne savez pas exactement ce dont il s'agit. C'est plutôt un manque d'information. En réalité, la technique des mantras est facile pour tout le monde.

Q. Dans le bouddhisme, y a-t-il un concept de Dieu?

R. Dans le bouddhisme, on envisage la notion de Dieu à différents degrés. Selon une première approche, on peut concevoir un Dieu supérieur, extérieur à nous-mêmes, créateur du paradis, à qui on adresse des prières avec foi. Une certaine réalisation du mode d'être de l'esprit permet de comprendre, à un niveau plus profond, que la notion de Dieu et de paradis sont des manifestations issues de notre propre esprit. Toutefois, l'approche ultime, c'est la réalisation que Dieu et notre propre esprit sont indifférenciés.

Q. Vous avez dit que l'esprit était immatériel, pourtant le cerveau est bien une substance matérielle.

R. En Occident, on considère effectivement que l'esprit est situé dans le cerveau; en Orient, on considère qu'il est dans le coeur. Le dharma nous dit, quant à lui, que l'esprit n'est ni dans le cerveau ni dans le coeur, qu'en réalité il n'est nulle part. Il nous dit aussi que le corps physique n'est en réalité qu'une production de notre esprit, dans laquelle le cerveau, ou le coeur, sert de support au fonctionnement de l'esprit, sans être l'esprit lui-même ni le générateur de l'esprit.

Q. Un maître semble nécessaire pour nous guider sur la voie de la méditation. Mais on ne peut toujours avoir un maître sous la main.

R. C'est vrai qu'on n'a pas toujours un maître sous la main, mais ce n'est pas nécessaire. Un maître vous donne des instructions. En vous en servant comme référence, vous méditez ensuite pendant plusieurs mois, ou une année. Puis, lorsque vous avez de nouveau l'occasion de rencontrer le maître, vous lui exposez les résultats, ou l'absence de résultats, de votre méditation, ce qui lui permet de donner de nouvelles instructions. En ce qui concerne la tradition tibétaine, de nombreux grands lamas viennent régulièrement en Occident; il existe par ailleurs de nombreux "centres du dharma" dans lesquels des lamas résident en permanence[9].

Q. Est-ce que beaucoup de gens méditaient au Tibet?

R. Au Tibet, un très grand nombre de personnes méditaient, aussi bien moines que laïcs. Le développement matériel y était très réduit et les gens ne s'en préoccupaient pas beaucoup. Ils étaient surtout tournés vers la vie spirituelle.

Q. Comment arrivez-vous à parler avec des mots de ce qui dépasse le mental ? Et comment peut-il en rester quelque chose au travers de la traduction, puisque celui qui traduit n'a pas un niveau de réalisation correspondant à ce qui est dit?

R. C'est vrai que la réalité ultime est au-delà des mots et de l'intellect. Néanmoins, le Bouddha lui-même, pour conduire les êtres vers cette réalité ultime, a utilisé de nombreux mots. Ce ne sont que des indications dirigées vers la réalité ultime. Ils ne prétendent pas l'exprimer, puisqu'elle est inexprimable. Ces enseignements sont à l'heure actuelle consignés en tibétain et le traducteur, qui connaît le tibétain, les retransmet fidèlement en français. En tibétain comme en français, les mots ne sont que des moyens pour aller vers l'au-delà de l'intellect. La contradiction serait de croire qu'ils transmettent par eux-mêmes ce qui les dépasse. Mais ce n'est pas le cas. Si vous ne compreniez ni le tibétain, ni le français, votre situation serait sans solution. Mais vous connaissez au moins le français...

NOTES DU CHAPITRE 1

1- Le bouddhisme envisage de très nombreuses possibilités d'existence outre les humains et les animaux. Dans certaines, les bonheurs sont plus grands que chez les hommes. C'est le cas, par exemple, du monde des dieux ou des dévas, dont il est question quelques lignes plus bas. Dans d'autres, les souffrances endurées sont regardées comme au-delà de ce que nous pouvons imaginer sur la terre. Leur ensemble constitue les "existences conditionnées" ou encore ce qu'on appelle le *samsara*, la "roue des existences". Sortir de ce cycle des renaissances et sortir de la souffrance, c'est la "libération".

2 - Le *karma* est la loi de cause à effet qui régit nos actes. Cette loi considère que tout acte, qu'il soit accompli par notre corps, notre parole ou notre pensée, engendre pour nous-mêmes une conséquence qui sera expérimentée plus tard, souvent dans une vie future, sous forme de bonheur ou de souffrance, selon la nature de cet acte. Ainsi, ce que nous vivons maintenant a été conditionné par notre activité et notre manière de penser des vies passées et nous sommes en train de préparer nos vies futures.

3- Le terme *dharma* signifie, selon le contexte, la voie spirituelle en général, ou bien la voie enseignée par le Bouddha.

4 - La *prise de Refuge* est l'acte par lequel on se place sous l'influence spirituelle du Bouddha, de ses enseignements et de la communauté des êtres réalisés. C'est, dans un premier temps, une brève cérémonie, puis une pensée que l'on renouvelle, selon la tradition, au début de chaque méditation. Pour une explication détaillée cf. : Bokar Rimpotché : *Prendre Refuge* (Editions Claire Lumière).

5 - Les *mantras* sont de brèves formules sacrées dont la répétition aide l'esprit à se purifier et à développer ses potentialités d'Eveil.

6 - Le *vajrayana*, ou "véhicule de diamant", se réfère à la partie de l'enseignement du Bouddha consigné dans les textes de nature ésotérique qu'on appelle les tantras.

7 - Lorsqu'un être atteint l'Eveil, il devient Bouddha. Cela ne signifie pas qu'il s'évanouit dans une sorte d'état insensible. Bien au contraire, il déploie pour le bien des êtres une activité infinie, spontanée et impartiale, qui a néanmoins ceci d'incompréhensible pour nous qu'elle est dépourvue des notions de sujet et d'objet.

8 - *Samsara*: cycle des existences marquées par la souffrance.

9 - Cf. *Guide du Tibet en France* (Editions Claire Lumière).

Les trois empêchements

La méditation, c'est reconnaître la nature de l'esprit[1] et cette reconnaissance est la tâche la plus importante que nous ayons à accomplir.

On considère en effet que la manifestation se divise pour chaque personne en deux: le corps qui en est l'intérieur et les phénomènes qui en sont l'extérieur. Mais l'ensemble est régi par l'esprit. On dit que l'essence du corps c'est l'homme, ce qui signifie que le corps n'est pas l'essence de l'esprit mais que l'esprit est l'essence du corps, qui n'est pour lui qu'un support. Dans une voiture, les éléments extérieurs, comme la couleur, la forme, la taille, etc., ne sont pas l'essentiel. L'essentiel de la voiture, c'est le moteur. De la même manière, le "moteur" de l'homme, c'est l'esprit. C'est pourquoi il est si important de connaître ce qu'il est véritablement, ce qui ne peut se faire que par la méditation.

Toutefois, nous rencontrons sur cette voie trois empêchements majeurs qu'il nous faut vaincre:

- l'attachement au monde, engendré par la croyance que les phénomènes — notre corps, les biens matériels, etc. — sont permanents, aptes à procurer du bonheur et réels;
- le manque de confiance dans le dharma et dans les maîtres qui le transmettent, seules voies ouvrant l'accès à la connaissance de la nature de l'esprit;
- la distraction, par laquelle notre esprit est continuellement captivé par les objets des sens et ne se tourne pas vers l'intérieur.

Sans surmonter ces trois empêchements, il ne sera pas possible de méditer.

L'ATTACHEMENT AU MONDE

Pour vaincre l'attachement au monde, autant notre corps que les biens matériels, il faut tout d'abord se défaire de la croyance qu'ils ont une existence réelle et définitive. Il faut donc prendre conscience que, loin d'être dotés d'une permanence qui fonderait leur réalité, tous les phénomènes changent d'instant en instant. Ils sont transitoires par nature.

Considérons tout d'abord notre corps. Depuis l'instant de notre conception jusqu'au moment présent, d'instant en instant, il n'a cessé de se modifier. D'une seconde à l'autre, il n'a jamais été exactement semblable à lui-même. L'embryon s'est tout d'abord développé dans le ventre de la mère, puis après la naissance, notre corps s'est progressivement changé de bébé en enfant, d'enfant en adolescent, d'adolescent en adulte, suivant une modification constante. La puissance du corps s'est affirmée jusqu'à l'âge adulte, s'est stabilisée, puis a décliné, conduisant à la vieillesse. Et, lorsque la vitalité sera totalement épuisée, le corps mourra. Ce processus de vieillissement, que bornent la naissance et la mort, ne se déroule pas par changements subits, par blocs d'années, de mois ou de jours qui se succéderaient. C'est un phénomène régi par une modification continuelle où l'instant suivant apporte une altération par rapport à l'instant précédent.

Les objets du monde extérieur sont soumis aux mêmes règles. Regardons une maison. Du fait que nous ne percevons pas l'impermanence très subtile, nous avons l'impression qu'elle est la même qu'il y a quelques années, la même que le mois dernier, la même qu'hier. Si, toutefois, on procède à une analyse plus fine, on constate que les molécules qui la composent n'ont pas cessé de se modifier depuis hier et que la maison a, en réalité, cessé d'exister sous la même forme. Maintenant même, instant après instant, cette modification se poursuit. Depuis le jour de sa construction, la maison n'a pas arrêté de vieillir et viendra un jour où elle sera totalement inutilisable, tombera en ruines ou sera détruite. C'est la succession d'altérations qui se situent au niveau de l'instant qui la conduisent ainsi vers sa fin.

Tous les phénomènes du monde extérieur sont soumis au même processus. Prendre conscience de leur impermanence ainsi que de celle de notre corps diminuera l'attachement que nous portons à cette vie.

Nous sommes par ailleurs convaincus que les phénomènes sont dotés de la capacité de nous procurer un bonheur authentique, que ce soit les formes belles, les sons harmonieux, les bonnes odeurs ou les saveurs agréables. Cette conviction est l'une des racines de notre attachement et elle n'est pas fondée. Si l'on examine attentivement les bonheurs qui nous sont ainsi donnés, on voit que ce ne sont pas de vrais bonheurs. Ils sont changeants par nature. Même s'ils apparaissent d'abord comme bonheur, ils sont menacés de se transformer en souffrance à plus ou moins long terme.

Autrefois, par exemple, en Occident, à l'aube du développement des sciences et des techniques modernes, les populations des campagnes ne jouissaient d'aucun confort dans leur habitat. Etant donné que le progrès matériel toucha d'abord les villes, beaucoup préférèrent s'y installer et fuir la précarité de leur condition de vie. L'électricité, l'eau courante, un ameublement de qualité, etc., étaient regardés comme des avantages procurant nécessairement le bonheur, de sorte que les gens apprécièrent d'habiter en ville. Puis, l'habitude venant, la sensation de bonheur procuré par le confort s'est progressivement affadie, au point que ce qui paraissait très agréable au début finit par paraître parfois lassant. Si bien que, de nos jours, un certain nombre de citadins préféreraient quitter la ville et retrouver des conditions de vie beaucoup plus rustiques, sans sophistications, sans moquette, presque sans confort. Ou encore, on voit des gens qui, n'appréciant plus les agréments d'un ameublement moderne et rationnel, recherchent des tables et des commodes anciennes, faites à la main, parfois branlantes, mal ajustées. Le bonheur d'un moment, du fait de l'impermanence, devient facilement le désagrément d'un autre moment et l'on ne peut dire d'un de ces bonheurs qu'il est réellement bonheur car il n'est jamais définitif.

Pour cette raison, tous les plaisirs et tous les bonheurs de ce monde ont été comparés par le Bouddha à du miel qu'on lèche sur une lame effilée: on apprécie d'abord la douceur du miel, puis rapidement, on se coupe et l'on ressent la douleur. Sans même nous référer à la parole du Bouddha, il suffit de regarder notre propre expérience: le bonheur qui se transforme en souffrance, nous le connaissons tous. Si nous comprenons bien ce fait, notre attachement à ce monde, là encore, diminuera.

Enfin, bien que nous accordions une réalité en soi aux phénomènes du monde extérieur, ils en sont en fait dépourvus et ne sont que des manifestations projetées par notre propre esprit. Nous pouvons comprendre que les phénomènes, bien que dénués d'existence propre, se manifestent, en nous référant au rêve: les objets extérieurs, les paysages, les maisons, les hommes, tout y apparaît. De plus, en relation avec ce qui se produit ainsi, nous éprouvons des sensations agréables ou désagréables. Tout semble vrai, alors qu'il ne s'agit que du jeu de notre propre esprit. Il est dit qu'il en est de même pour les apparences de ce monde présent. Même s'il est difficile d'en avoir l'expérience, nous pouvons au moins comprendre comment certaines qualités que nous attribuons au monde extérieur ne sont en fait que des colorations imposées par notre propre esprit.

Lorsque, par exemple, on est sous l'emprise d'une grande souffrance ou d'un grand mécontentement, il est probable qu'on percevra comme mal disposés à notre égard, ou comme agressifs, tous ceux que nous rencontrerons. Supposons encore que nous soyons très malheureux ou très en colère. Même si l'on nous sert un bon repas dans un endroit agréable, il ne nous paraîtra pas bon. Si, au contraire, pour une raison ou pour une autre, nous sommes très heureux, même un repas médiocre servi dans un local insignifiant nous paraîtra délicieux. Ce n'est pas le repas qui impose sa qualité, c'est notre esprit qui la lui accorde. On comprend donc, au moins partiellement, comment les phénomènes extérieurs peuvent dépendre de notre esprit.

Comprendre que tout est impermanent, que le bonheur se transforme en souffrance et que tous les phénomènes sont dépourvus de réalité en soi mais ne sont que des projections de notre esprit permettra de neutraliser le premier empêchement à la méditation, à savoir notre attachement à ce monde.

L'ABSENCE DE CONFIANCE

Le deuxième empêchement à la méditation est l'absence de confiance dans le dharma et dans le maître. Pour que naisse cette confiance, il est nécessaire, dans un premier temps, de recevoir une information, d'écouter des enseignements donnés par des maîtres, puis de réfléchir sur cette information, de l'examiner. Dans la mesure où ce que nous aurons entendu nous paraîtra digne d'intérêt, se formera dans notre esprit un premier degré de confiance.

Rendons les choses plus claires par un exemple. Quelqu'un de très malade voudra nécessairement trouver le remède qui le guérira. Il écoutera donc les conseils d'autres personnes et choisira de voir un médecin recommandé par tous. Il n'aura pas alors de certitude sur la valeur du médecin et du traitement, mais simplement une opinion favorable, qui est un début de confiance. "Puisque tout le monde le dit, pensera-t-il, c'est effectivement là que j'ai sans doute les meilleures chances de guérir."

Le médecin examinera ensuite le malade et lui donnera un traitement en lui prescrivant de le prendre pendant tant de temps. Si, après avoir pris son traitement pendant un certain nombre de jours, le malade commence à voir une certaine amélioration, à retrouver des forces et à moins souffrir, il n'aura plus seulement une opinion favorable, mais sa confiance s'affermira grandement. Enfin, s'il guérit complètement, sa confiance deviendra une certitude sur la valeur du traitement et sur les capacités du médecin.

Tous les êtres du samsara sont semblables à des malades, le dharma est comparable au remède et le maître qui enseigne le dharma au médecin. De même qu'il faut prendre le remède pendant au moins un certain temps pour tester sa valeur, de même il faut essayer la pratique du dharma, essayer la méditation, pour se faire une idée de ce qu'elle peut nous apporter. Une simple écoute, une simple information, même si elles sont nécessaires, ne suffisent pas. Ce serait comme avoir reçu un traitement, mais ne pas l'appliquer.

Si l'on pratique le dharma, il est sûr qu'on en retirera un bienfait. Mais l'effet ne pourra en être que graduel. Certaines personnes s'attendent à une progression extrêmement rapide. Elles pensent qu'en très peu de temps elles vont obtenir l'Eveil, déraciner toute souffrance et goûter la plénitude du bonheur. Les faits démentiront bientôt cette idée et, n'ayant pas obtenu le résultat escompté, on risque de se dire: "Je ne vois guère de progrès; cette méthode ne doit pas être très bonne." Les progrès, bien évidemment, ne peuvent se faire aussi rapidement. Néanmoins, la pratique du dharma entraîne des changements visibles que connaissent tous ceux qui sont effectivement entrés sur le chemin.

Par l'information, puis, surtout, par la pratique, naît donc la confiance, qui supprime le second empêchement.

Notre esprit est continuellement distrait par les objets extérieurs. C'est le troisième empêchement à la méditation.

Les distractions qui agitent notre esprit peuvent se référer au passé, au présent ou à l'avenir, mais, en fait, ce sont le passé et l'avenir qui nous occupent le plus et, par conséquent, créent le plus de souffrances.

Le passé, ce peut être hier, le mois dernier, l'année dernière ou plus loin encore. Souvent la part qui nous préoccupe, c'est ce qui a été mal vécu, ce qui s'est mal passé, ce que nous n'avons pas réussi, les erreurs que nous avons commises. Nous revenons sur ce passé douloureux et nous en souffrons de nouveau, bien inutilement. Prenons l'exemple d'une erreur. Qu'elle date d'hier, du mois précédent ou de l'an dernier, elle a été désormais commise et rien ne peut faire que cet acte n'ait pas eu lieu. Mais c'est maintenant quelque chose de terminé. Faire resurgir cette erreur dans notre esprit, y repenser sans cesse et donc se faire souffrir à cause d'elle, c'est uniquement se faire souffrir sans la moindre utilité ni le moindre sens. L'erreur ou la situation dans laquelle nous nous trouvions ne sont maintenant plus là, n'existent plus du tout. Si, en y repensant, on pouvait effacer l'erreur, faire en sorte que l'erreur n'ait pas été commise ou que l'événement n'ait pas eu lieu, ce serait utile de se tourner vers le passé. Mais ce n'est pas le cas; l'erreur passée ne pourra jamais ne pas avoir été commise. Laissons-la donc tranquille! D'événements qui n'existent plus du tout, nous créons ainsi, par nos pensées, de bien inutiles souffrances.

Plus nombreuses encore que celles concernant le passé, et créant encore davantage de souffrances, sont les pensées regardant l'avenir.

Nous pouvons nous trouver dans un endroit où nous disposons de tout le nécessaire, sans aucune cause de souffrance présente. Dans cette situation apparemment heureuse nous pouvons cependant nous inquiéter pour toutes sortes de raisons futures: "Aurai-je toujours le même confort, ne rencontrerai-je pas de difficultés dans mon travail, pourrai-je le conserver, etc." De la sorte nous ne goûtons pas la paix du moment présent, mais nous lui substituons la souffrance d'une situation qui n'est pas là. La plupart de nos souffrances viennent de l'avenir tel que nous l'envisageons. Nos pensées illusoires sont vraiment quelque chose d'étrange! L'avenir, pour le moment, n'est pas du tout là, mais nous nous tournons vers lui pour nous faire souffrir. De plus, bien que les éventualités futures offrent deux aspects, favorable ou défavorable, nous choisissons presque toujours le second. Voir les choses sous un jour favorable, ce serait penser : "Pour mon travail, pour ma maison, mon emploi, etc., je crois que tout ira bien, que les choses s'arrangeront." Mais c'est rarement le côté que nous envisageons. Nous pensons plutôt: "Je ne réussirai pas, ça ne va pas marcher, je crois bien que ça ne sera pas possible..." La plupart de nos souffrances nous viennent ainsi de l'avenir.

Si l'on regarde le présent, sans nous tourner vers le passé ni vers l'avenir, en général nous n'avons simplement pas de souffrance.

Au cours de la méditation, il ne faut jamais donner libre cours aux pensées concernant le passé ou l'avenir. Méditer, en fait, ne présente aucune difficulté si l'on a bien compris la méthode. On ne suit pas les pensées qui envisagent le passé ou l'avenir, on reste l'esprit détendu, tel qu'il est dans le moment présent. C'est donc très facile! Lorsqu'on pose ainsi son esprit détendu dans le présent, il n'y a pas de souffrance. La méditation doit toujours être ainsi: sans suivre les pensées du passé ni de l'avenir, l'esprit est posé dans le présent, détendu, lâchant prise.

Lorsqu'on médite de cette manière, on demeure par moments sans pensées; mais notre esprit ne reste pas toujours dans cet état et des pensées s'élèvent de nouveau.

De nombreuses personnes croient que la méditation doit nécessairement être un état dépourvu de toutes pensées. Or, lorsqu'elles méditent, des pensées apparaissent et elles en concluent qu'elles sont incapables de méditer, que la méditation est un exercice tout à fait hors de leur portée. Cet *a priori* est une erreur: méditer, ce n'est pas gommer toute pensée.

Comment aborder ce problème des pensées? Il faut, tout d'abord, éviter deux erreurs:

- La première, c'est de ne pas prendre conscience que des pensées se produisent et les suivre machinalement.
- La seconde, c'est de chercher à les arrêter.

L'attitude juste sera, au contraire, d'être conscient de la production des pensées, mais sans les suivre ni chercher à les arrêter, de simplement ne pas s'occuper d'elles. Si l'on ne s'occupe pas des pensées, les pensées n'ont pas de force. Tant qu'on ne connaît pas la nature de son esprit, celui-ci produit des pensées, qui peuvent tout aussi bien être positives que négatives, dotées d'une grande force sur nous-mêmes, car elles sont saisies comme réelles. Sans cette saisie, les pensées n'ont aucune force.

Lorsqu'on laisse son esprit détendu, vient d'abord un moment où il demeure sans pensées. Cet état stable est comme une mer sans vagues. Dans cette stabilité, s'élève ensuite une pensée. Cette pensée est comme une vague qui se forme à la surface de la mer. Dans la mesure où on laisse cette pensée sans s'occuper d'elle, sans la "prendre", elle s'évanouit d'elle-même dans l'esprit d'où elle est sortie. C'est comme la vague qui se fond de nouveau dans la mer d'où elle s'est élevée.

La mer et la vague, si l'on n'y réfléchit pas, peuvent apparaître comme deux réalités séparées. En fait, elles sont indifférenciées en essence, car l'essence de la vague c'est l'eau, tout comme l'essence de la mer est aussi l'eau. On ne peut dire que les deux soient des entités différentes. Des vagues montent à la surface de la mer, mais elles ne peuvent rien faire d'autre que de se fondre de nouveau dans la mer. On ne peut pourtant pas dire que la mer s'en trouverait tout d'abord diminuée ou qu'elle en serait ensuite augmentée. De la même manière, lorsqu'on laisse se faire le mouvement des pensées sans s'occuper d'elles, notre esprit ne se trouve pas détérioré lorsque des pensées se produisent, il ne se trouve pas amélioré lorsque il est dépourvu de pensées.

Tant qu'on n'a pas compris ce qu'est l'esprit, on est un peu comme celui qui serait au bord de la mer et qui penserait que la mer doit absolument être dépourvue de vagues. Lorsqu'une vague vient vers lui, il voudrait la prendre et la jeter d'un côté, puis prendre la suivante et la jeter de l'autre côté. Et quand bien même, indépendamment de ses efforts, la mer se calmerait par moments, il serait inévitable que des vagues s'y forment de nouveau. Celui qui espérerait établir une mer définitivement dépourvue de vagues ne pourrait être que constamment déçu. Vouloir, pendant la méditation, éliminer les pensées, c'est se mettre dans la même situation.

Lorsque des vagues s'élèvent de la mer, elles retombent dans la mer. En réalité, la mer et les vagues ne sont pas différentes. Si on le comprend, on reste assis sur la plage, détendu: il n'y a dès lors ni fatigue ni difficulté. De même, lorsqu'on regarde l'essence de son propre esprit, qu'il y ait des pensées ou non, c'est sans importance; on reste simplement détendu.

Telle est la manière de vaincre le troisième empêchement qu'est la distraction: on garde l'esprit posé dans le présent, détendu.

Ces trois points que nous venons d'examiner sont extrêmement importants. L'essentiel de la méditation y est compris.

Question: Que devient la méditation lorsqu'on est sous l'emprise de la somnolence ou de la paresse?

Réponse: Pour résoudre le problème de la somnolence, de la torpeur, il existe plusieurs remèdes. En premier lieu, il faut savoir que cette somnolence est l'effet de voiles karmiques. Pour les dissiper, il est bon d'offrir des lumières devant une représentation du Bouddha. Ces lumières, par la force de l'interconnexion des phénomènes, nous aideront à nous dégager de la torpeur. D'autre part, il est très important de développer de la dévotion pour son maître spirituel. Enfin, pendant la méditation, il faut tendre un peu son esprit, se tenir bien droit, porter des vêtements frais et, si possible, se mettre dans un endroit aéré.

Q. Nous sommes toujours projetés dans le futur: quand on est enfant on fait des études en vue de l'âge adulte, puis, tout au long de notre vie, on est motivé par ce que l'on veut accomplir plus tard. Quelle serait donc l'action spontanée dans le présent qui ne serait pas projetée vers un futur?

R. Pour ne pas être pris par les pensées qui s'attachent au futur, il faut, comme nous l'avons dit, voir que tous les phénomènes sont impermanents, douloureux et illusoires. Tant que nous considérons le monde comme réel, l'avenir nous semble très important et il nous paraît indispensable d'y penser. Si, au contraire, on réfléchit à l'impermanence, à la nature douloureuse des phénomènes et à leur caractère illusoire, nous leur accorderons moins d'importance, ce qui, nécessairement, rendra moindre notre préoccupation de l'avenir. Puis, ce qui est essentiel, c'est de garder l'esprit sans distraction dans la conscience du présent.

Si l'on est entièrement impliqué dans la pratique du dharma, on peut totalement abandonner le souci de l'avenir. Cependant, même si l'on garde une certaine activité ordinaire et qu'on doive se préoccuper de l'avenir, par la pratique du dharma la fixation sur le futur diminue. Quant à celui qui connaît bien la nature de l'esprit, qui possède une grande réalisation, il peut faire autant de projets d'avenir qu'il le veut. Il a en effet la connaissance que ces projets autant que celui qui les conçoit sont des phénomènes dépourvus d'existence propre, semblables à des créations magiques, de simples apparences dépourvues de réalité, et il agit dans cette connaissance. Il peut, dès lors, sembler identique à un être ordinaire, mais il y a, en vérité, une très grande différence du point de vue de la souffrance expérimentée ou non. Nous qui sommes débutants, nous accordons une grande réalité à nos pensées d'avenir. C'est pourquoi elles sont cause de souffrance. Ce qui n'est pas le cas chez l'être réalisé.

Supposez, par exemple, que vous fassiez un travail de bureau et que vous ayez telles lettres importantes à rédiger. En vous rendant à votre travail, puis une fois sur place vous allez sans cesse retourner dans votre tête le problème de ces lettres: "Si je les écris ainsi, est-ce que ce ne sera pas le meilleur moyen de tourner mes phrases? Ou peut être plutôt de cette manière... à moins que, en m'y prenant ainsi..." Vous pensez continuellement à ce que vous devez faire. De plus, il est possible que vous envisagiez vos projets de manière pessimiste et misiez davantage sur les causes d'échec que sur les possibilités de réussite. Vous êtes inquiet, mal à l'aise, autrement dit, vous souffrez.

Il est vrai que nous ne pouvons maintenant, d'un seul coup, abandonner toutes nos préoccupations d'avenir. Il n'est pas possible non plus que ces préoccupations ne nous créent pas une certaine souffrance. Mais, au moins de temps en temps, pouvons-nous nous résoudre à ne pas nous tourner vers l'avenir et, ne serait-ce que pendant quelques minutes, garder l'esprit au repos dans la conscience du présent. De plus, et c'est très important, quand nous regardons l'avenir, il faut apprendre à le faire de manière positive. Voir toujours le mauvais côté des choses ne sert qu'à accroître nos difficultés intérieures. C'est un peu comme une montre à remontoir: si on la remonte trop, on finit par casser le mécanisme. A force de nous inquiéter sur l'avenir, les tensions deviennent de plus en plus grandes et il y a risque de rupture.

Q. Il faut un lama pour pratiquer le dharma. Comment le chercher?

R. On rencontre un maître par la force du karma et de notre aspiration. Si l'on a un profond désir de pratiquer le dharma, on rencontrera naturellement un maître.

NOTE DU CHAPITRE 2

1 - Le terme *esprit*, en tibétain, couvre un champ de significations extrêmement vaste, puisqu'il peut aussi bien désigner le psychisme que l'être. Toutefois, lorsqu'on parle de "nature de l'esprit" ou de "mode d'être de l'esprit" on ne se réfère pas alors au domaine de la psychologie mais à celui de l'essence: l'esprit au-delà de toutes les fluctuations qui peuvent l'affecter.

La pacification mentale, "chiné"

La méditation mène à la découverte de l'esprit. Qu'est ce que notre esprit? Nous n'en avons qu'une idée superficielle. Pour nous, c'est ce qui éprouve le bonheur et la souffrance, ce qui est conscient de notre champ d'expérience. En dehors de cela, nous ne savons pas ce qu'il est réellement.

Tous les êtres, depuis toujours[1], existent conjointement à leur esprit; il n'y a aucun moment où ils en aient été séparés. Ils ne savent pourtant pas ce qu'il est véritablement, ce qu'est son essence. C'est en raison de cette absence de connaissance de la vérité de notre esprit que nous subissons la souffrance, les difficultés, la confrontation avec ce que nous ne souhaitons pas, tout ce qui compose le samsara.

Puisqu'elle sera la fin de la souffrance, cette connaissance nous est absolument nécessaire. Toutefois, aucun moyen de ce monde ne nous en livre l'accès. Seule la voie spirituelle, le dharma, nous permet la découverte de ce que nous sommes vraiment.

En particulier, dans le vajrayana, on considère que la reconnaissance du mode d'être de l'esprit, de sa nature ultime, est rendue possible par la grâce du maître, celui qu'on appelle le lama, au sens plein du terme, c'est-à-dire doté d'une profonde réalisation. Qu'est-ce que cette grâce? Quelque chose d'immatériel et d'invisible; c'est comme une force, ou un courant extrêmement puissant, sous l'influence duquel nous nous plaçons par notre confiance et notre dévotion.

Dans la lignée kagyupa, celle des quatre grandes écoles du bouddhisme tibétain à laquelle nous nous rattachons, cette transmission de la grâce a pour origine le bouddha primordial Vajradhara[2]. Elle est reçue en premier lieu par le grand yogi indien Tilopa, qui la confère à son disciple Naropa. Elle passe ensuite au Tibet par l'intermédiaire de Marpa et se poursuit avec Milarépa, puis Gampopa et le Premier Karmapa. Enfin, elle est parvenue jusqu'à nos jours par la succession des Karmapas. C'est une lignée de transmission ininterrompue qu'on appelle le “Rosaire d'or”.

Pour nous ouvrir à la grâce, nous pouvons donc prier le Karmapa, ou tout autre lama que nous regardons comme notre maître, en considérant qu'il est assis sur un lotus au dessus de notre tête. Puis, à la fin de la prière, nous pensons que le lama se fond en lumière, que cette lumière est absorbée en nous et que, de la sorte, nous avons pleinement reçu sa grâce, notre corps, notre parole et notre esprit étant devenus un avec son Corps, sa Parole et son Esprit.

MESURER NOTRE CHANCE

La diversité des êtres est très grande. Si nous considérons simplement les animaux, que nous pouvons observer facilement, nous voyons combien leur condition d'existence est difficile et douloureuse. Si nous avions à endurer les mêmes souffrances qu'eux, nous comprendrions encore mieux leur situation et, par comparaison, combien nous sommes fortunés d'avoir une existence humaine.

Si nous regardons les humains mêmes, nous constatons que beaucoup d'entre eux sont pris par des activités négatives et que, par cela, ils accumulent la cause de nombreuses souffrances à venir. Au contraire nous avons eu, pour notre part, la grande chance de connaître le dharma, de rencontrer des maîtres qualifiés et d'avoir la possibilité d'étudier et de pratiquer une voie spirituelle. Si nous n'y réfléchissons pas attentivement, il est probable que nous ne comprenions pas bien à quel point notre condition est bonne. Souvent, c'est seulement lorsque nous sommes touchés par le malheur que nous prenons conscience de la valeur du bonheur qui le précédait. Quand nous sommes en bonne santé nous n'apprécions pas nécessairement le prix de cet état. Mais quand vient la maladie, qu'il faut se rendre à l'hôpital, perdre sa liberté de mouvement, subir des traitements douloureux, nous comprenons alors ce que valait cette santé que nous avons perdue. De la même manière, il nous faut prendre conscience de la situation favorable qui est maintenant la nôtre. En particulier, grâce au dharma, grâce à la méditation, nous avons la possibilité de progresser vers la reconnaissance de la nature ultime de notre esprit, qui est aussi la fin de toutes souffrance.

LES ÉTAPES DE LA MÉDITATION

La méditation comporte deux étapes:
- la pacification mentale, *chiné* en tibétain;
- la vision supérieure, *lhaktong* en tibétain.

On peut aussi considérer que l'union de chiné et lhaktong constitue une troisième étape.

Ces trois degrés n'existent toutefois pas du point de vue de la nature ultime de l'esprit, mais simplement en tant que description du chemin.

LA POSTURE[3]

Il nous faut, en premier lieu, adopter une posture physique qui favorise la méditation. Le mouvement du corps provoque en effet l'agitation des souffles subtils[2] qui, elle même, engendre l'agitation de l'esprit. Le terme tibétain chiné se décompose ainsi: *chi* signifie "apaiser" et *né* signifie "demeurer". Cela veut donc dire qu'on "apaise" le corps, la parole et l'esprit et qu'on "demeure" dans cet état apaisé.

La posture est importante, car elle permet que les canaux d'énergie soient droits. Lorsqu'ils ne le sont pas, les souffles subtils[4] circulent mal, ce qui favorise l'agitation mentale.

La posture complète comporte sept points:

1 - Les jambes sont croisées dans la posture du vajra, semblable à celle du lotus, sauf qu'on place d'abord le pied gauche sur la cuisse droite, puis le pied droit sur la cuisse gauche. Si l'on ne peut adopter cette posture, on prend celle dite du bodhisattva, le pied gauche contre le périnée, le pied droit posé à plat devant.

2 - On place les mains dans le moudra[5] de la méditation, la main droite sur la main gauche.

3 - On tient le dos très droit.

4 - Les épaules sont détendues, mais légèrement rejetées en arrière.

5 - On rentre un peu le menton.

6 - La langue et la bouche sont relâchées.

7 - On regarde dans le vague, en oblique vers le bas, les yeux fixés sur un point virtuel qui serait à huit travers de doigts en avant de la pointe du nez.

Cette posture est appelée "posture de Vairocana à sept points". Elle est considérée comme la plus favorable à la circulation harmonieuse des souffles.

TROIS SUPPORTS POUR L'ESPRIT

Une fois le corps stabilisé, il faut apprendre à stabiliser l'esprit. En premier lieu, il faut ne pas suivre les pensées concernant le passé, ne pas suivre non plus celles portant sur l'avenir, mais rester dans le présent de notre propre esprit, détendu, sans crispation. En même temps, on peut s'appuyer sur un support. Nous allons en voir trois:

1- La respiration

Nous portons notre attention sur le mouvement naturel de la respiration, en considérant que celle-ci et l'esprit sont indifférenciés. Nous suivons l'inspiration et l'expiration, l'esprit à la fois détendu et sans distraction.

2- Un tiglé blanc

Nous imaginons que se trouve à la base de notre front un *tiglé* (une petite sphère de lumière) blanc, brillant et produisant de la lumière. Comme précédemment, on garde l'esprit posé sur le tiglé, en considérant que tiglé et esprit ne font qu'un.

3- Le Bouddha

Indifférencié de notre esprit, le Bouddha Shakyamouni se trouve dans notre cœur, de la taille d'un pouce, clair et brillant. Notre attention est fixée sur cette visualisation.

Dans ce type de méditation, on compare notre esprit à un éléphant sauvage, l'attention à la corde qui l'attache, et le support de concentration au tronc d'arbre auquel est nouée la corde.

CHINÉ SANS SUPPORT

Dans chiné sans support, l'esprit reste posé en lui-même, dans le lâcher-prise et le non-faire. Il n'y a alors pas d'objet sur lequel l'esprit soit dirigé, mais on reste vigilant, sans distraction. Des pensées peuvent se produire: on ne cherche pas à les arrêter, on ne les suit pas non plus.

Pour illustrer ce type de méditation, on utilise la comparaison du mât et du drapeau. Quand le vent ne souffle pas, ni le mât ni le drapeau ne bougent. Quand le vent souffle, le drapeau bouge, mais le mât ne bouge pas plus que précédemment. Les pensées sont semblables au drapeau et l'esprit conscient et vigilant semblable au mât qui ne bouge pas, qu'il y ait ou non pensées. Sans suivre ni arrêter les pensées, on garde l'esprit à la fois détendu et non-distrait.

TORPEUR ET AGITATION

La pratique de chiné rencontre deux obstacles principaux: la torpeur et l'agitation. Ce sont les deux ennemis de chiné. Chaque personne les rencontre selon son tempérament: pour les uns la torpeur va dominer, pour les autres c'est l'agitation qui l'emporte. A chacun de voir quel défaut l'affecte le plus et d'appliquer le remède correspondant.

Lorsqu'on a une tendance à la torpeur, il faut tendre son esprit, ouvrir grand les yeux et penser qu'on regarde le ciel.

Lorsqu'au contraire on est pris par l'agitation, emporté par beaucoup de pensées, il faut se détendre, plutôt fermer les yeux et imaginer qu'on regarde vers le sol. Il est important de prendre conscience de ces défauts dans notre méditation et de savoir y remédier, faute de quoi on risque de les amplifier. Celui qui serait enclin à la torpeur, qui aurait l'esprit terne et obscur, et qui, dans la méditation, chercherait à se placer dans un état de trop grande détente, n'aboutirait en fait qu'à une grande somnolence. Ce ne serait plus de la méditation, mais de l'opacité d'esprit.

Celui, au contraire, qu'agitent de nombreuses pensées et qui aborderait la méditation de manière tendue, pensant dans une perspective très volontaire: "Je vais méditer", celui-là ne ferait qu'accroître sa production de pensées, ne se sentirait pas à l'aise et, en fait, ne méditerait pas non plus. C'est pourquoi il faut savoir poser pour soi-même un diagnostic correct.

Il semble qu'au Tibet et en Orient la tendance à la torpeur soit dominante et qu'en Occident ce soit l'agitation le problème principal.

Quoi qu'il en soit, lorsqu'on pratique chiné, il est important de placer son corps, sa parole et son esprit dans un état d'aise et d'ouverture. L'esprit doit se sentir heureux, sans crispation. On ne doit pas éprouver la sensation d'être dans une pièce étroite et fermée, mais plutôt avoir le sentiment d'être en plein air, dans un endroit agréable. Il faut l'aise, la détente et l'ouverture, ce sont les trois pierres angulaires de la méditation.

DU TORRENT À LA MER

L'esprit ne doit pas être distrait par les pensées du passé ou de l'avenir; il reste dans le présent, tel qu'il est en lui-même, sans distraction.

Le yogi indien Tilopa disait: "L'esprit lié par les tensions se dénouera sans aucun doute s'il se détend." Depuis des temps sans commencement nous sommes liés par les pensées; il en ressort une grande tension. Dans la méditation, elle se défait et l'on reste à l'aise. La conscience du présent de l'esprit posé sur lui-même doit être dépourvue de toute crispation.

Lorsque nous méditons de cette manière, il est possible que nous connaissions d'abord une courte période dépourvue de pensées. Mais, bientôt, les pensées s'élèvent. Comme nous sommes débutants, nous avons peut-être l'idée qu'il ne devrait pas y avoir de pensées. C'est une erreur; il faut simplement rester vigilant et non-distrait.

Gampopa, le principal disciple de Milarépa, disait: "Tous les méditants apprécient l'état sans pensées; mais, ne pouvant fermer la porte des pensées, ils se donnent beaucoup de peine et sont bien fatigués."

Les débutants ont généralement l'esprit habité par de très nombreuses pensées. On compare traditionnellement cet état à un torrent qui dévale un escarpement montagneux. On peut alors se dire: "J'ai tellement de pensées qu'il est inutile que je continue. Je n'y arriverai jamais! Il vaut mieux que j'arrête. Ah, oui! si je n'avais pas de pensées, je pourrais dire que je médite; mais, là, ça ne sert à rien." Au contraire, il ne faut pas s'arrêter de méditer; il est naturel que les débutants rencontrent ce torrent de pensées.

Lorsqu'on persévère, on gagne une certaine habitude de la méditation et, avec l'expérience, nos pensées deviennent comme un fleuve qui coule lentement dans la plaine.

Enfin, notre esprit peut demeurer sans pensées et devient comme une mer sans vagues.

Il faut bien comprendre que c'est une progression, qu'un état ne succède à un autre qu'après une longue et régulière pratique de la méditation. Le débutant ne doit pas croire qu'il lui faut, dès les premières sessions, s'établir dans l'absence de pensées. Cela lui serait impossible.

"Je dois absolument ne pas avoir de pensées au cours de la méditation; aucune pensée ne doit s'élever dans mon esprit!" Une telle approche ne sert à rien. Il faut simplement garder une attitude d'esprit dans laquelle on considère que si des pensées viennent, c'est sans importance, s'il ne s'en produit pas, c'est sans importance non plus. Ce qui importe, c'est de rester non-distrait.

CLARTÉ ET ABSENCE DE PENSÉES

Lorsque l'esprit s'apaise naturellement et reste sans pensées, c'est chiné. Néanmoins, il existe un bon et un mauvais chiné.

Le mauvais chiné, c'est d'être dépourvu de pensées, mais de se trouver en même temps dans une sorte d'obscurité. En fait, on est alors plus proche du sommeil que de chiné. Certaines personnes, qui n'ont pas bien compris ce qu'est la méditation, s'établissent dans un état indéfini où elles ne pensent à rien et se disent: "Oh! Que je médite bien! Comme je suis content!" En réalité, elles ne méditent pas du tout.

Le bon chiné, pour sa part, partage avec le sommeil profond le manque de pensées, mais il s'en différencie par la disparition de l'obscurité: la clarté de l'esprit a pris sa place. Cette absence de pensées associée à la clarté, c'est le vrai chiné. C'est une expérience qui ne peut venir que naturellement, progressivement. Peut-être certaines personnes peuvent-elles la connaître rapidement, mais en général, ce n'est pas le cas.

La différence entre clarté et non-clarté n'est pas quelque chose de conceptuel. Il ne suffit pas de se dire: "Bien, dorénavant, je vais m'établir dans la clarté; je vais garder l'esprit clair". Ce n'est pas un état que peut créer le mental, c'est une composante de la nature même de l'esprit.

Supposez que, la nuit, toutes lampes éteintes, vous ayez un verre d'eau devant vous. Vous distinguez bien un objet, vous supposez que c'est un verre, mais vous êtes incapable de reconnaître ce qu'il contient. Il y a bien un liquide sombre, mais vous ne pouvez pas dire s'il s'agit d'eau ou d'autre chose. C'est chiné sans clarté. Par contre, en plein jour, vous n'avez pas de peine à distinguer le verre, à identifier son contenu, à percevoir tous les détails. Cette vision nette est semblable à la clarté de chiné.

Il est important de comprendre cette distinction entre vrai et faux chiné pour être capable de reconnaître, dans l'avenir, si l'on fait fausse route ou non. Cela ne signifie pas qu'il faille penser que, dès maintenant, vous allez être capable de vous établir dans l'état de parfait chiné. Vous ne le pourrez pas et, si vous l'attendez, vous vous découragerez. Il faut maintenant accepter la méditation telle qu'elle se présente: avec clarté ou sans clarté, avec pensées ou sans pensées. Ce qui compte, c'est de méditer et de persévérer.

Question: Quelle est l'incidence sur la méditation du fait de garder les yeux plutôt ouverts ou fermés?

Réponse: Si l'on a une tendance générale à l'agitation, il vaut mieux fermer les yeux. Si l'on a au contraire une tendance à la torpeur, il vaut mieux les garder bien ouverts.

Q. Que faire par rapport à l'impatience? On trouve par exemple que la méditation est un peu longue, et l'on engendre des pensées sur ce sujet.

R. Oui, c'est ce qui se passe quand on est débutant. C'est pourquoi il est préférable de méditer pendant de très courtes périodes, de faire de brèves et nombreuses sessions.

Q. Quelle est la cause de la torpeur?

R. D'une manière générale c'est le fait d'avoir créé, dans nos vies passées, un karma qui conduit à la torpeur. C'est pourquoi nous avons maintenant cette tendance. Mais la torpeur peut aussi venir d'un mauvais état de santé ou d'une très grande fatigue physique.

Q. Lorsqu'on garde les yeux ouverts, est-ce que les choses doivent rester nettes à l'extérieur, ou bien est-ce de la torpeur si elles se mettent à devenir floues?

R. Dans les méthodes que nous avons vues, comme la respiration, le tiglé au niveau du front ou le Bouddha dans le coeur, si l'on voit clairement ces supports et qu'on ne voie plus le monde extérieur, ce n'est pas de la torpeur. Mais si, l'extérieur étant flou, on ne voit pas clairement non plus le support de méditation, c'est alors de la torpeur.

Q. Si, pendant la méditation, on ressent une impression de grande chaleur, de quoi s'agit-il?

R. Quand on place l'esprit sur lui-même, cette chaleur est le signe qu'il y a un certain aperçu de la nature ultime de l'esprit. Lorsqu'on est débutant, cette expérience de chaleur peut parfois venir, parfois ne pas venir, c'est en fait sans importance.

Q. Faut-il pratiquer successivement les différentes méthodes qui ont été expliquées ou bien vaut-il mieux en choisir une seule?

R. Il est préférable de les pratiquer d'abord successivement. Puis, si l'on voit que l'une d'elles nous convient mieux que les autres, on s'en tient à celle-là.

Q. Que peut-on faire contre la torpeur quand tendre l'esprit ne suffit pas à la surmonter?

R. Lorsqu'on a une forte tendance à la torpeur, il faut d'abord vérifier que la posture de méditation est correcte, en particulier que l'on a le dos très droit. En second lieu, il faut tendre un peu son esprit. Enfin, on imagine que se trouve dans notre cœur un petit tiglé (sphère de lumière) blanc, indifférencié de notre esprit. Ce tiglé s'élève en suivant l'axe du corps, sort par le sommet de la tête, puis monte très haut dans le ciel. On imagine qu'il arrive dans un espace très brillant, très clair. On garde un moment cette visualisation, puis on pense qu'on devient un avec le ciel lui-même. Ces différentes méthodes permettent de remédier à la torpeur lorsqu'elle se présente en cours de méditation. Toutefois, il faut aussi chercher à agir sur la cause profonde. C'est pourquoi, pour dissiper les voiles karmiques qui provoquent la torpeur, on peut faire la pratique de Dordjé Sèmpa[6] et faire des offrandes de lumière.

Q. Quel serait maintenant l'antidote à une grande agitation?

R. Lorsqu'on a beaucoup de pensées, cela indique que notre esprit est tourné vers les choses de ce monde. On pense aux biens matériels, à ce qu'on va manger, aux amis, aux endroits qui nous sont chers, à ce qu'on aime, à ce qu'on n'aime pas. Puisque nos pensées sont ainsi dirigées vers tout ce qui compose le monde qui nous entoure, il faut comprendre que celui-ci ne mérite pas entièrement l'intérêt qu'on lui porte. En premier lieu parce qu'il est impermanent, dépourvu de stabilité: tous les phénomènes changent d'instant en instant. Puisque tout est transitoire, un fort attachement n'a pas de grand fondement. En second lieu parce que les phénomènes sont souffrance par nature. Du fait de l'impermanence, ce qui est agréable peut devenir désagréable, comme par exemple un bon repas qui se traduit par une lourdeur ou par des maux d'estomac. Enfin, parce que les phénomènes n'ont pas d'existence propre, qu'ils ne sont qu'une création illusoire. Si nous prenons conscience de ces trois faits, nous serons moins attirés par le monde et nous aurons moins de pensées.

Etant donné que l'agitation est aussi le produit de voiles karmiques, là encore la pratique de Dordjé Sèmpa et des offrandes nous aidera.

Au cours de la méditation, pour remédier à l'agitation, on se détend physiquement et l'on regarde vers le bas. On peut aussi imaginer que dans notre cœur se trouve un tiglé noir qui descend et va se perdre dans les profondeurs de la terre.

Faire chiné correctement implique de se sentir très bien intérieurement, détendu et sans fatigue.

Les habitants des villes aiment partir en week-end. Ils pensent que cela va les reposer du travail de la semaine. Le vendredi soir, ils sont très contents à la pensée que le lendemain ils vont aller à la campagne ou au bord de la mer. Mais, le samedi matin, les difficultés commencent: il faut préparer les affaires, chercher ce qu'on ne trouve pas quand on en a besoin, se dépêcher. Puis on prend la route et l'on se retrouve dans les embouteillages et les ennuis de circulation; il faut être très attentif, se méfier de la police, etc.

Une fois arrivé à destination, il faut encore se préoccuper de ce que l'on va manger et du lieu où l'on va dormir. Le dimanche soir, on reprend la route, on retrouve les bouchons, on s'énerve... et l'on termine le week-end épuisé.

Quand on fait chiné, on trouve le vrai repos, on prend de vraies vacances.

Q. Puisque la nature de l'esprit n'est pas un objet qu'on peut regarder, comment peut-on se tourner vers 1'essence de l'esprit pour la regarder?

R. Au début, on peut penser ainsi, mais quand vous aurez beaucoup médité vous comprendrez.

Q. Peut-on travailler sur les sons plutôt que sur les visualisations?

R. On peut aussi se concentrer sur les sons en y fixant son attention sans distraction. On peut encore se concentrer sur les odeurs, par exemple celle que dégage un bâton d'encens.

Q. Toutes sortes de sons nous parviennent alors. Faut-il tous les accueillir ou les sélectionner?

R. On peut se concentrer sur l'ensemble des

sons perçus. En particulier, dans les premiers temps de la méditation, on a tendance à considérer le bruit comme une gêne, ce qui risque de nous énerver. Dans ce cas, c'est une bonne solution de prendre les sons comme support. Ils cessent ainsi automatiquement de nous nuire. Pour ceux qui habitent en ville, cette manière de faire est très profitable.

Q. Peut-on faire chiné avant de dormir?

R. Oui, bien sûr, c'est très bien. On peut, par exemple, faire chiné dix minutes avant de se coucher et aussi dix minutes au lever.

Q. Rimpotché a dit qu'un bon chiné doit être “ouvert, clair et stable”. Que signifie exactement “ouvert”? Cela signifie-t-il un esprit qui peut accepter paisiblement tout ce qui se présente ?

R. “Ouvert” signifie un esprit qui ne s'impose pas de difficultés, qui est heureux, qui éprouve un sentiment de facilité. C'est être non comme quelqu'un qui porterait un fardeau, mais comme celui qui aurait déposé son fardeau. Méditer avec effort, avec une tension de la volonté, c'est comme méditer en ayant une lourde charge sur le dos. On médite, mais c'est très difficile, car le corps et l'esprit sont tendus. Il faut porter la méditation comme un poids. Si, en cours de méditation, nous éprouvons une impression de difficulté intérieure, de manque d'aise, c'est le signe que nous trouvons dans cette situation. Lorsqu'on dépose la charge, on éprouve par contre une sensation de confort, un sentiment agréable.

Le parfait chiné possède pleinement ces trois qualités de stabilité, de clarté et d'ouverture. Pour les débutants, elles ne sont pas toujours présentes. Il faut prendre conscience des défauts de notre méditation et y remédier en conséquence, exactement comme celui qui fait du bateau à voile doit tenir compte du vent pour manœuvrer et avancer.

NOTES DU CHAPITRE 3

1- Le bouddhisme ne fait pas des êtres une création d'un Dieu supérieur qui s'inscrirait dans le temps, mais les considère comme existant depuis des temps sans commencement.

2 - *Vajradhara*, en tibétain *Dorjé Tchang*, est considéré comme la forme prise par le Bouddha pour révéler le vajrayana à des êtres aux facultés particulières.

3 - On trouvera des photographies illustrant la posture de méditation dans l'ouvrage *La Méditation, conseils aux débutants.*

4 - *Les souffles subtils*, ou énergies subtiles, sont le lien entre l'esprit et le corps.

5 - *Moudra*: geste ou pose doté d'un sens symbolique.

6 - *Dordjé Sèmpa* est une divinité du vajrayana qui véhicule la force de purification de l'Eveil. Sa pratique comporte une visualisation ainsi que la récitation d'un mantra. Elle agit au niveau des conditionnements inconscients, neutralisant leurs effets négatifs.

La vision supérieure, "lhaktong"

LE MIRAGE DES PENSÉES

Lorsque nous observons notre esprit, nous ne pouvons trouver de lieu d'origine à nos pensées, nous ne pouvons non plus découvrir de lieu où elles demeurent, pas plus que de lieu où elles disparaissent. C'est le signe que les pensées ne sont pas des "choses", qu'elles ne sont pas réelles.

Toutefois, tant que nous ne connaissons pas la nature de l'esprit, nous saisissons les pensées comme des choses véritablement existantes et nous en souffrons.

Bien que les pensées soient dépourvues de réalité, elles s'élèvent dans notre esprit. Elles sont le produit de nombreux conditionnements qui engendrent leur manifestation. Comment ces conditionnements se forment-ils dans notre esprit? De la même manière que notre activité de la journée laisse dans notre esprit des empreintes qui ressurgissent au cours de nos rêves.

Nos pensées, dénuées de réalité, sont semblables aux mirages que la chaleur fait apparaître dans le désert. Vu de loin, un mirage semble réel. Il n'a pourtant aucune réalité: on ne peut dire qu'il est venu de quelque part, on ne peut dire qu'il demeure quelque part, on ne peut pas dire non plus que, lorsqu'il disparaît, il s'en va quelque part. Toutefois, pour démasquer son apparence de réalité, il faut l'examiner, prendre conscience qu'il n'est qu'une apparence illusoire. De même pour les pensées: il faut comprendre qu'elles ne sont pas réelles. Cette compréhension fera diminuer nos souffrances.

Voir que les pensées sont dépourvues d'existence propre, c'est ce qu'on appelle lhaktong, la "vision supérieure".

De manière générale, avant de pratiquer lhaktong, on pratique d'abord chiné afin de réduire l'agitation intérieure. Si l'on aborde directement lhaktong, on risque d'accroître la production de pensées. C'est pourquoi il faut en premier lieu établir une bonne base de chiné. Toutefois, lorsqu'on souffre beaucoup intérieurement, faire lhaktong pourra nous aider.

Tout comme pour la pratique de chiné, nous trouverons une grande aide en adressant tout d'abord une prière à notre maître spirituel que nous imaginons présent au dessus de notre tête, assis sur un lotus, très lumineux. A la fin de la prière, il se fond en nous et nous pensons que nous avons reçu sa grâce.

Premier exercice

Bien à l'aise dans la posture à sept points, nous commençons par faire chiné, comme précédemment, en posant notre attention sur le souffle. La respiration se fait naturellement et nous considérons que souffle et esprit ne font qu'un.

Une fois que notre esprit est ainsi posé sans distraction sur la respiration, nous nous demandons quelle est la couleur du souffle dont nous ressentons le passage dans notre corps, quelle est sa forme, sa dimension, son essence. Méditer en procédant à cette analyse, c'est lhaktong.

Second exercice

De nouveau nous faisons chiné, cette fois-ci en nous concentrant sur un tiglé blanc dans le front, le tiglé et l'esprit étant indifférenciés.

Puis, nous analysons la présence de ce tiglé: quelle est son essence? Est-il venu de l'intérieur du corps ou bien de l'extérieur? Est-il une production de notre front? Pendant que ce tiglé demeure clairement perçu, où est-il? A l'intérieur du front, à l'extérieur ou quelque part entre les deux? Quand il disparaît, où va-t-il?

Procédant ainsi à un examen sur l'origine, la localisation et la disparition du tiglé, il est peu probable que vous ayez trouvé des réponses. Vous êtes sans doute arrivés à la conclusion qu'il n'y a ici rien d'identifiable en tant qu'objet réellement existant, rien qui puisse être trouvé. Dans ce cas, il serait vain de poursuivre une analyse supplémentaire. On demeure dès lors simplement dans cet état où rien n'est trouvé: c'est lhaktong.

Troisième exercice

Nous faisons tout d'abord chiné en prenant comme support le Bouddha Shakyamouni dans notre coeur.

Puis, nous nous demandons quelle est la nature de ce Bouddha clairement perçu. Est-il fait de tissu comme une thangka? Ou bien de terre ou de métal comme une statue? D'où est-il apparu? De l'intérieur de notre corps, ou de l'extérieur? Pendant qu'il est présent, où est-il? Quand il disparaît, où va-t-il? On se pose les mêmes questions que pour le tiglé de l'exercice précédent.

On peut penser qu'il est inutile de se poser maintenant ces questions puisqu'on vient de le faire pour le tiglé. Ce serait une erreur: si l'on ne procède pas à l'analyse, on ne peut dégager une expérience. Or, c'est cette expérience qui est importante.

Là encore, la conclusion de l'examen sera qu'on n'aura rien pu trouver.

DE CHINÉ À LHAKTONG

Pour ceux qui savent méditer comme nous venons de le voir, c'est une expérience très agréable, comme une sorte de grand spectacle qui se déroule. Si, par contre, on s'y essaye sans y parvenir, cela risque d'être éprouvant et fatigant.

Lorsqu'on donne des instructions sur la méditation, normalement on explique d'abord chiné et l'on n'aborde lhaktong qu'une fois acquise une certaine stabilité d'esprit. Au Tibet, le maître procédait toujours ainsi en deux étapes, pour éviter que des instructions trop hâtives sur lhaktong ne mènent à un surcroît de pensées dans un esprit non préparé. En Occident, il n'est pas toujours possible de suivre le même principe, en raison des circonstances. Les directives concernant les deux approches sont donc données simultanément. Ni le maître ni le disciple ne peuvent faire autrement. C'est donc au méditant de voir ce qui lui est le plus profitable. Si votre esprit connaît une certaine stabilité et n'est guère emporté par les pensées, dans ce cas vous pouvez faire lhaktong. Si, au contraire, vous constatez beaucoup d'agitation, il vaudra mieux vous appliquer à chiné.

Ce qui importe, c'est d'étudier sa propre méditation, de voir ce qui se passe dans son propre esprit. Que le maître donne de nombreuses explications et que le disciple passe beaucoup de temps à les écouter ne sert pas à grand-chose. Sans l'expérience même de la méditation, les instructions sont stériles. Quand bien même un maître et un disciple resteraient cent ans ensemble, que le maître expliquerait la méditation pendant cent ans et que le disciple écouterait attentivement pendant cent ans, prendrait des notes et réfléchirait, cela ne permettrait pas que naisse la moindre expérience intérieure.

SAVOIR PILOTER

Supposez que vous vouliez apprendre à piloter un avion. Vous allez trouver un moniteur qui vous explique d'abord la théorie du pilotage, la fonction des différentes manettes et des boutons, la signification des cadrans. Vous pourrez d'abord écrire ces explications, puis apprendre les noms, les descriptions et les fonctions, tant que vous n'aurez pas été effectivement aux commandes et que vous n'aurez pas appris, par expérience, les réactions de l'appareil, vous ne saurez nullement piloter. Une fois que vous êtes dans l'avion, si l'on vous dit d'actionner telle manette pour mettre les gaz, telle autre pour décoller, telle autre pour changer de direction, d'accomplir telle manœuvre pour atterrir, et que vous faites vraiment ce qui vous est expliqué, vous développez une expérience directe de ce qui se passe et vous apprenez réellement à piloter un avion, au-delà d'une simple compréhension intellectuelle.

Pour ma part, par exemple, je ne sais pas conduire une voiture. Si je voulais apprendre et que vous vous contentiez de me décrire le fonctionnement du véhicule — actionner tel levier de telle manière fera avancer la voiture, de telle autre manière la fera reculer, appuyer sur une pédale permet d'accélérer, sur une autre de freiner, pousser tel bouton allume les phares, etc. — je ne saurais jamais conduire. Tandis que si vous me mettez au volant et me faites faire ce que vous m'expliquez, une expérience s'inscrit dans mon esprit, qui me permet d'apprendre véritablement.

De même pour la méditation, même s'il est nécessaire de recevoir en premier lieu des instructions, ce qui importe c'est ensuite de développer une compréhension intérieure par notre méditation. C'est alors qu'on peut découvrir ce qu'est vraiment notre propre esprit.

Pour pratiquer lhaktong, la démarche à suivre est donc d'abord d'établir notre esprit dans un état de stabilité, apaisé. Il faut ensuite trouver où demeure cet esprit apaisé. Est-il à l'extérieur de notre corps, à l'intérieur ou entre les deux? Quelle est sa forme, quel est son volume, quelle est sa couleur? On procède d'abord à cette analyse, au terme de laquelle on ne trouve ni localisation, ni forme, ni volume, ni couleur. On demeure alors dans cet état où rien n'est trouvé.

Nous avons vu comment appliquer ce principe en nous servant de trois supports. Il faut bien comprendre, cependant, que lhaktong ne se limite pas à la seule analyse, mais réside plutôt dans le fait de demeurer dans l'expérience qui se dégage lorsqu'on est arrivé au bout de l'analyse.

Continuellement procéder à un examen n'aurait pas beaucoup de sens. Cela reviendrait à chercher, puis ayant découvert qu'il n'y a rien, à chercher encore, puis découvrir encore qu'il n'y a rien et ainsi de suite. En vérité, on cherche uniquement jusqu'à la découverte qu'il n'y a rien à trouver; puis, on demeure dans cet état où rien n'est trouvé.

Ne pas du tout procéder à l'analyse serait tout aussi erroné que de la poursuivre sans arrêt. Supposez un fermier qui aurait perdu une vache. Il peut penser qu'elle se sera égarée à tel endroit ou tel autre, ou bien penser qu'elle est définitivement perdue et se dire: "Ce n'est même pas la peine que je la recherche." Dans ce cas, peut-être pourra-t-il rester un moment sur cette idée, mais rapidement des doutes germeront dans son esprit. Il ne pourra s'empêcher de penser: "Oui, peut-être est-elle perdue pour de bon; mais peut-être se trouve-t-elle quand même à tel endroit ou à tel autre?" Pour que le doute le quitte définitivement, il devra se mettre effectivement en quête de la vache, se rendre dans les forêts, les creux, les bosquets où elle pourrait s'être réfugiée et vérifier de ses propres yeux qu'elle n'y est pas. Lorsque, après recherche minutieuse, la vache n'est pas découverte, le fermier, de retour chez lui, n'a plus de doute. Il sait par expérience que l'animal est bel et bien perdu. Il ne pense plus qu'à la rigueur il pourrait être ici ou là. Si, après s'être parfaitement assuré que la vache était introuvable, il continuait à la rechercher, cela n'aurait guère de sens.

C'est la même chose pour notre esprit. Nous vivons maintenant dans l'idée: "J'ai un esprit", c'est-à-dire dans la croyance que notre esprit existe en tant que chose. Le maître nous dit: "En réalité, l'esprit n'existe pas en tant que chose". Si nous l'admettons du simple fait que le maître nous l'a dit, il est fort probable que des doutes subsisteront au fond de nous. Nous penserons que c'est vraisemblablement exact, puisque le maître l'a dit, mais ce ne sera pas une certitude. Si, par contre, nous procédons à une analyse qui nous permette de vérifier par nous-mêmes que l'esprit ne peut être saisi en tant qu'objet existant, il ne reste plus dès lors aucun doute. La croyance en la réalité objective de notre esprit s'effacera en raison de l'évidence procurée par l'expérience directe. Poursuivre l'analyse quand l'évidence se fait jour n'aurait pas plus de sens que de continuer à rechercher la vache quand il est devenu clair qu'elle n'est nulle part.

AU-DELÀ DES MOTS

Les instructions concernant chiné et lhaktong sont données à l'aide de mots. Mais ce qui mènera à une expérience et à une compréhension véritables, c'est la grâce du maître ainsi que notre propre méditation. Les mots, en eux-mêmes, resteront toujours insuffisants. Il faut mettre en pratique les instructions reçues, même si l'on ne peut y consacrer beaucoup de temps. En prendre simplement connaissance n'aurait aucune utilité, aussi intéressant que cela puisse paraître.

Question: On peut penser qu'il n'y a jamais eu de vache, mais aussi que la vache a toujours été là.

Réponse: Si l'on n'a pas perdu la vache, on n'éprouve pas le besoin d'aller la chercher. Mais ceci n'est qu'un exemple. Quand on dit que l'esprit n'existe pas, cela signifie que l'esprit n'existe pas en tant que chose matérielle, qui aurait une forme, une limite, des caractéristiques définissables par les sens. Cela ne veut pas dire que l'esprit n'existe pas du tout.

Q. Je ne vois pas la différence entre, d'une part, chiné sans pensées et, d'autre part. l'état dans lequel on demeure lorsque rien n'a été trouvé, à la fin de l'analyse de lhaktong.

R. La différence est la suivante: dans chiné, on reste simplement dans un état sans pensées et clair, tandis que dans lhaktong, l'analyse a conduit à reconnaître qu'il n'y a pas de moi dans notre esprit, contrairement à la croyance qui est ancrée en nous. L'état dans lequel on demeure alors est celui où il n'y a pas de moi.

Lorsque nous débutons, nous pratiquons d'abord chiné, dont on dégage une expérience intérieure. Puis, on pratique lhaktong qui permet de dégager un autre type d'expérience. Mais nous ne pouvons faire les deux simultanément.

Quand notre pratique s'approfondit chiné et lhaktong deviennent indivisibles.

Q. Est-ce que l'expérience de l'état dans lequel on n'a rien trouvé agit comme une révélation, comme quelque chose de très fort?

R. Au début, l'expérience de ne rien trouver, c'est simplement ne rien trouver, quelque chose d'ordinaire. Progressivement, par le développement de la méditation, c'est une expérience qui devient de plus en plus puissante.

Q. Pourquoi notre esprit est-il tendu?

R. La tension de notre esprit tient à des raisons profondes. Nous percevons, extérieurement, les cinq objets des sens: les formes, les sons, les odeurs, les saveurs, les objets du toucher. Intérieurement, un moi perçoit ces objets. Il y a donc dualité, et entre les deux pôles de cette dualité se créent des pensées d'attachement et d'aversion. Ce sont ces pensées, en très grand nombre, qui empêchent notre esprit d'être détendu.

Cependant, en vérité, les objets extérieurs que perçoivent nos sens n'ont pas d'existence propre. Ils ne sont pas dotés de l'existence indépendante que nous leur attribuons, mais ne sont que des projections illusoires de notre propre esprit. Si l'on développe une compréhension de ce que sont vraiment les objets extérieurs, notre esprit se décrispe. On peut penser qu'il y a là quelque chose d'étrange: ces objets, nous les voyons, nous les entendons, nous les sentons, les goûtons, les touchons. Comment peut-on dire qu'ils n'existent pas? En fait, s'ils apparaissent pourvus d'une existence réelle extérieure, indépendante, cela tient à l'ignorance fondamentale ainsi qu'aux conditionnements latents qui se sont formés dans notre esprit depuis des temps sans commencement.

C'est le même processus que celui qui régit nos rêves: la nuit, apparaissent des phénomènes conditionnés par ce que nous avons fait et pensé dans la journée.

Pourtant, direz-vous, si je tape sur cette table, il y a bien quelque chose de solide contre quoi ma main se heurte. Comment cela est-il possible, puisque rien n'existe réellement? Cette saisie d'une réalité vient des conditionnements profonds, qui exercent une très grande contrainte sur notre esprit, de sorte qu'une simple compréhension intellectuelle ne suffit pas pour déjouer leurs mécanismes. Ils continuent à nous faire prendre pour réel ce qui ne l'est pas.

Supposez que j'aie la jaunisse. J'aurai alors tendance à voir tout teinté de jaune. Ce gobelet blanc, je le percevrai comme jaune. Quelqu'un en bonne santé me dira: "Ah! non, il n'est pas jaune, il est blanc." Et la personne m'expliquera que ma maladie crée une illusion qui modifie les couleurs et ne me permet pas de voir ce qu'elles sont vraiment. Comme tout le monde me dira la même chose, j'admettrai que le gobelet est blanc. Mais ce ne sera qu'une simple approbation intellectuelle qui, tant que je ne serai pas guéri, ne m'empêchera pas de continuer à voir jaune ce qui ne l'est pas. De même pour l'ensemble des phénomènes, comprendre qu'ils sont une illusion ne suffit pas pour aller au-delà de cette illusion.

Pour que cesse l'illusion du jaune que crée la jaunisse, il faut que j'aille voir un médecin et qu'il me donne des médicaments appropriés. Si je suis le traitement, les effets vont s'en faire progressivement ressentir de sorte que les symptômes de la maladie s'atténueront: je verrai de moins en moins jaune jusqu'à ce que, lors de la complète guérison, je ne perçoive plus du tout comme jaune ce qui ne l'est pas.

Se pénétrer de l'idée que les phénomènes n'ont pas d'existence réelle ne va pas empêcher maintenant que je me fasse mal si je tape très fort sur cette table, tout illusoire qu'elle est. Pour que l'illusion cesse, il faut prendre le remède, c'est-à-dire suivre les instructions données par le maître, par la pratique desquelles la saisie d'une réalité dans les phénomènes diminuera effectivement.

Revenons-en à la tension de l'esprit au cours de la méditation. Lorsqu'on garde l'esprit sans contrainte, sans rien faire, il demeure naturellement détendu. Si une tension se produit, il faut demeurer dans cette tension elle-même et dès lors elle disparaît.

NOTE DU CHAPITRE 4

1 - Petite sphère de lumière.

Les jambes, la tête et le corps du mahamoudra

L'INDICIBLE ESPRIT

Le mahamoudra[1] est un terme qui désigne le mode d'être, la nature ultime, de tous les êtres. Quel est, fondamentalement, cet esprit qui caractérise les êtres? Est-il dans le corps? Est-il à l'extérieur du corps? Ou quelque part entre les deux? Est-il blanc, rouge ou d'une autre couleur? Quelle est sa forme? Quelle est sa taille?

Si nous examinons attentivement l'esprit, nous constatons qu'il est vide par nature. On ne peut lui assigner aucune caractéristique matérielle.

L'esprit est vide, il n'est pas une chose. Cela revient-il à dire qu'il n'est rien? Non plus. L'esprit ne peut être une simple vacuité, un simple néant, puisque, selon l'expérience que nous en avons, il est la base d'apparition des multiples pensées de l'existence conditionnée. De lui s'élèvent, du côté négatif, la colère et les autres émotions conflictuelles, aussi bien que, du côté positif, la foi et la compassion. Cette production naturelle des pensées suffit à démontrer qu'il n'est pas seulement vacuité.

Lorsqu'on recherche le mode d'être de l'esprit et qu'on se demande ce qu'il est, on ne peut apporter, en fait, aucune réponse, on ne peut pas dire qu'il soit quelque chose. Si l'on en conclut qu'il n'est rien du tout, on doit aussi admettre que cette conclusion n'est pas pertinente, puisqu'il y a un ressenti du bonheur et de la souffrance. L'esprit ne peut donc être défini par les notions d'existence et de non existence[2].

En vérité, si la nature de l'esprit est indicible, c'est parce qu'elle est le dharmakaya[3], le "Corps absolu". Or, ce dharmakaya est au-delà du champ de la pensée ordinaire, au delà de ce que peuvent exprimer les mots, au-delà de tout concept. Cependant, bien que le dharmakaya soit notre véritable nature, nous ne le reconnaissons pas et nous errons dans le samsara, le cycle des existences et de la souffrance. Reconnaître le dharmakaya, c'est la fonction du dharma et plus particulièrement de la méditation du mahamoudra.

LA SOURCE DE LA PRATIQUE

Dans la lignée kagyupa, la pratique du mahamoudra fut à l'origine révélée par le bouddha primordial Vajradhara au grand accompli indien Tilopa qui, ayant atteint la réalisation ultime, la transmit à Naropa. De Naropa, elle passa à Marpa le traducteur, puis à Milarépa, ensuite à Gampopa, qui la transmit à Tusoum Khyènpa, le premier Karmapa. La tradition fut ensuite détenue par la succession des Karmapas, sans interruption et dans son intégralité.

J'ai moi-même reçu la transmission de la grâce du mahamoudra de mes lamas-racines, le Seizième Karmapa et Kalou Rimpotché[4].

UN CORPS COMPLET

La pratique du mahamoudra, pour être complète, doit réunir trois éléments, que l'on compare aux parties d'un corps, l'absence de l'un ou de l'autre empêchant l'ensemble d'être fonctionnel. On dit que:
- le non-attachement forme les jambes du mahamoudra;
- la dévotion en est la tête;
- la méditation en est le tronc ou le corps.

Un corps n'est fonctionnel que s'il est complet. Un corps sans tête ne servirait à rien, de même qu'un corps sans tronc. Un corps qui aurait tête et tronc mais qui serait dépourvu de jambes ne pourrait non plus accomplir les activités d'un corps complet. Un corps, pour remplir pleinement sa fonction, doit posséder l'intégrité de ses membres. De la même manière, pour que la pratique du mahamoudra soit effective, elle doit être complète: tête, jambes et tronc. Faute de quoi, ce ne serait pas un mahamoudra authentique.

LES JAMBES: LE NON-ATTACHEMENT

Lorsqu'on est pris par un très fort attachement pour cette vie, on est comme empêché d'avancer sur la voie du mahamoudra. C'est pourquoi être libre de cet attachement constitue les jambes de la pratique.

Un tel non-attachement procède d'une compréhension de la nature des phénomènes. Dans l'état de non réalisation, tous les phénomènes, les objets extérieurs que sont les formes, les sons, les odeurs, etc., aussi bien que notre corps ou les apparences intérieures produites dans notre esprit, tous sont appréhendés comme dotés d'une existence réelle et permanente, ce qui est une saisie erronée.

Il faut au contraire prendre conscience du fait que les phénomènes extérieurs que perçoivent nos sens, loin d'être dotés de cette permanence que nous leur attribuons, sont transitoires : d'instant en instant, ils se modifient. Notre corps et notre esprit sont soumis au même processus de modification constante.

Prenons pour exemple la maison dans laquelle nous nous trouvons. Apparemment, c'est la même qu'hier, la même que l'année dernière. Il semble que rien n'ait changé. Ce n'est qu'un faux semblant. Au niveau imperceptible des molécules constitutives de l'édifice se produit un changement continuel, de sorte qu'il ne reste jamais semblable à lui-même. Une maison neuve ne le reste pas en raison de cette constante modification. C'est ce qui régit son vieillissement et fait que viendra inéluctablement un jour où elle ne sera plus qu'une ruine et finalement disparaîtra complètement. Ceci vaut pour toutes choses, même celles qui nous paraissent les plus durables, comme les montagnes ou les rochers. Tout est impermanent.

Notre corps et notre esprit n'échappent pas à cette règle. Je considère, par exemple, qu'aujourd'hui je suis Bokar Tulkou, qu'hier j'étais Bokar Tulkou, que l'année dernière j'étais aussi Bokar Tulkou. J'aurais donc tendance à penser que je suis toujours le même Bokar Tulkou. Pourtant, mon corps se modifie d'instant en instant, de même que mon esprit[5], qui n'est plus maintenant ce qu'il était autrefois.

A cette compréhension de l'impermanence doit s'ajouter la prise de conscience de la souffrance propre au cycle des existences. Si nous prenons en considération ne serait-ce que les êtres qui peuplent la terre, nous pouvons constater le nombre de souffrances continuelles qui les affligent, aussi bien physiques qu'intérieures. Il arrive bien, parfois, que nous paraissions heureux et qu'aucune souffrance ne soit visible; mais ce n'est pas un vrai bonheur, car il n'est pas définitif et se transformera en souffrance à plus ou moins long terme. Même un état neutre, sans souffrance ni bonheur, par l'opacité mentale qu'il implique entraînera aussi une souffrance. Il est dit qu'il existe trois sortes de souffrances: la souffrance douloureuse, la souffrance du changement et la souffrance inhérente à tout ce qui est composé. De sorte qu'aucun être du samsara ne connaît un état de bonheur authentique.

A partir du moment où l'on comprend que tous les phénomènes extérieurs et intérieurs sont impermanents, qu'ils sont tous entachés par la souffrance et que le samsara est dépourvu d'intérêt, notre attachement aux apparences de cette vie diminue. Dès lors nous nous tournons vers les méthodes de libération qui permettent d'atteindre l'état de Bouddha.

LA TÊTE: LA DÉVOTION

La dévotion est considérée comme la tête de la pratique du mahamoudra. Cette dévotion a pour objet tous les lamas de la lignée de transmission et, plus particulièrement, celui que l'on nomme le "lama-racine", c'est-à-dire le maître qui nous introduit directement à la nature de notre propre esprit.

La dévotion est essentielle, car, sans elle, on ne peut s'ouvrir à la grâce et, sans celle-ci, la réalisation du mahamoudra resterait impossible. On compare souvent la grâce du maître à une montagne enneigée et la dévotion du disciple au soleil dont les rayons viennent frapper les pentes de la montagne. La chaleur du soleil fait fondre la neige, nous pouvons recueillir l'eau et la boire. Mais si le soleil de la dévotion ne brille pas, la neige ne fondra pas. Nous ne recevrons pas, dès lors, l'indispensable grâce.

LE CORPS: LA MÉDITATION

Le non-attachement au cycle des existences et le désir de s'en libérer d'une part, et, d'autre part, la dévotion, forment les jambes et la tête de la pratique. On ne saurait s'en passer pour aborder le troisième point: la méditation qui regarde la nature de l'esprit.

Cette méditation requiert de savoir "poser" le corps et de savoir "poser" l'esprit.

Une grande importance est accordée à la posture du corps, car il y a pour nous interdépendance entre le corps et l'esprit. Une posture correcte du corps favorisera la stabilité de l'esprit, tandis qu'une posture incorrecte nuira à cette stabilité. On prend donc, idéalement, la posture dite de "Vairocana à sept points":

- les jambes croisées dans la posture du vajra;
- les mains dans le moudra de la méditation;
- la colonne vertébrale droite comme une flèche;
- les épaules écartées comme les ailes d'un vautour;
- le menton rentré;
- la langue posée contre le palais de manière détendue et les lèvres relâchées;
- le regard posé dans le vague, en oblique vers le bas.

Pour ceux qui rencontrent des difficultés à tenir cette posture, on peut la résumer à deux points essentiels: la colonne vertébrale parfaitement droite et les mains dans le moudra de la méditation.

Une fois le corps bien établi ainsi, il faut ensuite apprendre à poser l'esprit. Comment s'y prendre?

En premier lieu, on constate que s'élève dans notre esprit une multitude de pensées portant sur le passé ou sur l'avenir. Les pensées du passé peuvent se rapporter à ce qui a eu lieu il y a plusieurs années, quelques mois, quelques heures ou se référer aux minutes précédentes. De la même manière, les pensées du futur peuvent envisager des événements à venir dans plusieurs années, dans quelques jours, quelques heures, ou dans les minutes qui vont suivre. Ces pensées du passé ou du futur, on ne les suit pas. On demeure uniquement dans l'esprit tel qu'il est dans le présent, sans distraction.

Rester sans distraction dans l'esprit du présent, c'est ce qu'on appelle la méditation du mahamoudra.

Certaines personnes penseront que méditer de cette manière, sans être pris par les pensées du passé et de l'avenir, doit être extrêmement difficile, voire éprouvant. Pourtant, si l'esprit cesse de se projeter dans ce qui a été ou dans ce qui sera et demeure tel qu'il est dans le présent, ouvert et détendu, il connaît une sensation de repos qui rend la méditation facile et agréable.

ESPRIT IMMOBILE, ESPRIT EN MOUVEMENT

Dans cet état de détente du corps et de non-distraction intérieure, l'esprit va, par moments, demeurer immobile, sans aucune pensée. Par moments des pensées vont s'élever, et l'esprit sera dès lors en mouvement. Lorsque l'esprit est immobile, on le reconnaît et l'on demeure dans cet état. Lorsque des pensées s'élèvent, de la même manière, on le reconnaît. La manière juste de procéder est alors d'éviter deux attitudes:

- considérer que les pensées sont une mauvaise chose et qu'il faut en arrêter la production;
- les suivre sans s'en rendre compte.

Au contraire, sans arrêter ni suivre, on demeure détendu dans l'état de simple reconnaissance.

Tel est l'esprit posé dans le présent, la méditation du mahamoudra.

Les débutants, lorsque leur esprit demeure calme et stable, ont tendance à se réjouir en se disant que leur méditation est bonne. Lorsqu'au contraire beaucoup de pensées se présentent, ils sont déçus et découragés, considérant qu'ils n'arriveront jamais à méditer. Là encore, ce sont deux réactions erronées.

Ordinairement, nous suivons les pensées sans même en être conscients; nous sommes leurrés par elles. Pour autant, la méditation n'implique pas de les craindre, de souhaiter leur disparition et de tenter de les arrêter. Vis-à-vis des pensées, il faut demeurer sans rejet ni acceptation. Qu'il y en ait ou non, c'est sans importance.

Le point important de la méditation n'est pas l'absence de pensées, mais le maintien d'une vigilance non-distraite, dénuée de jugement, libre des notions de bon ou de mauvais.

Telles sont donc les trois parties qui rendent complète et authentique la pratique du mahamoudra: les jambes du non-attachement, la tête de la dévotion, et le tronc de l'esprit posé dans le présent, tel qu'il est, sans distraction, sans rien refuser et sans rien prendre.

NOTES DU CHAPITRE 5

1 - Le terme *mahamoudra* désigne à la fois la nature ultime de l'esprit et la méditation qui conduit à la reconnaître, méditation dont chiné et lhaktong sont des étapes. Il se réfère donc au degré le plus haut de la pratique. Bien que le mot soit féminin en sanscrit, l'usage a été pris de l'utiliser au masculin en français, usage que nous respectons ici.

2- Les notions d'existence et de non-existence appliquées à notre esprit peuvent nous paraître difficiles à saisir, d'autant plus que nous pouvons avoir la croyance implicite que notre esprit est un produit du cerveau, alors que le bouddhisme ne regarde celui-ci que comme un support de fonctionnement momentané.

Ces notions constituent la "vue", c'est-à-dire le fondement théorique sur lequel va s'appuyer la pratique de la méditation. Il faudrait de longs et subtils développements pour étayer cette vue. Bokar Rimpotché n'en donne ici que l'essentiel afin de permettre de mieux comprendre la méditation.

3 - La plénitude de l'Eveil est rendue par la notion de "trois Corps" de bouddha, le mot "corps" ne se référant pas ici à des organismes physiques, mais à différentes modalités de l'être.

- Le *dharmakaya* (Corps Absolu), est non-manifesté, échappant à toute détermination. Il est a-temporel et a-spatial, bien que tout temps et tout espace procèdent de ses potentialités.

- Le *sambhogakaya* (Corps de Gloire) est un corps de lumière se manifestant dans des domaines différents des nôtres et pour nous inaccessible en raison des voiles qui obscurcissent notre esprit.

- Le *nirmanakaya* (Corps de Manifestation) est l'apparition sur la terre, ou dans d'autres lieux de l'existence conditionnée, d'un être Eveillé. Ce fut le cas, par exemple, du Bouddha Shakyamouni.

Pour souligner que ces trois Corps ne sont pas des réalités séparées, on en ajoute souvent un quatrième, le *svabhavikakaya* (Corps d'Unité essentielle).

4 - Des maîtres de la lignée ici mentionnés les deux premiers sont indiens les suivants tibétains. Voici leurs dates : Tilopa : 988-1069 ; Naropa : 1016-1100 ; Marpa : 1012-1097 ; Milarépa : 1040-1123 ; Gampopa : 1079-1153 ; Tusoum Kyènpa : 1110-1193 ; Seizième Karmapa : 1924- 1981 ; Kalou Rimpotché : 1904- 1989.

5 - Esprit se réfère ici au psychisme, qui est changeant. Par contre, l'essence de l'esprit est immuable

Le mahamoudra en cinq points

La compréhension de la nature ultime de l'esprit ne peut être le résultat d'une étude menée par l'intellect. Seule la méditation peut la rendre effective, car seule elle conduit à une expérience directe.

Les paroles du Bouddha sont recueillies dans deux grandes classes d'enseignements: les soutras et les tantras[1]. On y trouve une très grande variété d'approches de la méditation. Toutefois, on considère que l'essence de toutes ces méthodes, aussi bien celles des soutras que celles des tantras, est comprise dans ce qu'on nomme le "mahamoudra en cinq points".

Ce sont:

1 - prendre Refuge et développer la bodhichitta;
2 - se visualiser comme la divinité;
3 - prier le lama;
4 - méditer;
5 - dédier le mérite.

1 - REFUGE ET BODHICHITTA

Le premier point consiste, au seuil de la méditation, à réciter les formules de prise de Refuge et de développement de l'esprit d'Eveil, la bodhichitta[2].

Prendre Refuge, c'est se placer sous la protection des bouddhas, du dharma (leur enseignement) et de la sangha (ceux qui transmettent ces enseignements après les avoir intégrés intérieurement). On considère que c'est le fondement de la voie bouddhique.

Nous pensons donc que dans les champs purs[3] des dix directions[4] résident de nombreux bouddhas et bodhisattvas[5] et que nous prenons Refuge en eux jusqu'à l'obtention de l'Eveil.

Puis, nous développons la bodhichitta, racine du grand véhicule, qui est le désir d'obtenir l'Eveil non pour soi même, mais pour devenir capable d'aider les êtres. Nous pensons: "Afin de secourir les êtres de tous les mondes, il me faut obtenir l'Eveil. C'est dans ce but que je médite aujourd'hui."

2 - SE VISUALISER COMME LA DIVINITÉ

Après avoir pris Refuge et développé la bodhichitta, on se visualise soi-même sous la forme d'un *yidam*, une divinité de méditation. Si l'on a un yidam personnel, on pense que l'on devient celui-ci, sinon on se visualise comme Tchènrézi[6], par exemple.

3 - PRIER LE LAMA

Lorsqu'on se visualise sous la forme de Tchènrézi, on imagine qu'au-dessus de notre tête se tient le Bouddha Amitabha, de couleur rouge, un bol d'aumône posé sur ses mains. On considère que sa forme est bien celle d'Amitabha, mais qu'il est en essence notre propre lama racine, réunissant en sa personne les bouddhas, le dharma et la sangha.

Avec une intense ferveur, on le prie: "Accordez votre grâce pour qu'en cette vie naisse en mon esprit la réalisation de la nature ultime, le mahamoudra."

On pense ensuite que le lama sous la forme d'Amitabha se fond en lumière et que cette lumière est absorbée en nous par le sommet de la tête, considérant que l'on est soi-même toujours Tchènrézi. Le Corps, la Parole et l'Esprit du lama s'unissent alors à notre corps, notre parole et notre esprit.

4 - LA MÉDITATION

On laisse l'esprit demeurer dans l'état d'union au lama sur lequel s'est achevée la prière.

Il est possible que ne se dégage alors rien de

particulier, mais il est aussi possible qu'on ait une expérience inexprimable de la nature de l'esprit. Ce qui est découvert reste indicible. On est un peu comme un muet à qui on donnerait un bonbon et à qui on demanderait: "C'est bon?" Il ne pourrait répondre.

Si l'expérience que nous faisons alors reste descriptible, c'est qu'elle n'a pas vraiment touché le but. Indescriptible ne signifie pas pour autant inexistante. Il existe véritablement une expérience au-delà des mots et des concepts: c'est précisément celle de la nature ultime de l'esprit.

Qu'on ait rapidement ou non cette expérience n'a pas grande importance. Par la persévérance dans la méditation, elle se produira par moments et l'on comprendra alors ce qu'est la nature de l'esprit. Même si elle advient au tout début, elle ne se maintiendra pas continuellement. Parfois elle se refera, parfois elle ne se refera pas. Il ne faut pas, dans ce second cas, penser que notre méditation est mauvaise ou inutile. Ce sont des phases normales.

Cette expérience n'implique aucune direction donnée à l'esprit, aucune intention, aucun support sur lequel s'appuyer.

Etant donné que, dans ce que nous venons d'envisager, l'esprit ne demeure en rien d'autre qu'en lui-même et que l'expérience ne se produit que par rapport à l'esprit, cette méditation peut apparaître comme difficile pour les débutants.

Lorsque c'est le cas, on utilise temporairement un moyen qui permet une approche progressive. Ce moyen consiste à prendre un support, par exemple un objet extérieur, sur lequel on pose son esprit.

Cela ne signifie pas qu'on se mette alors à analyser l'objet. On n'examine ni sa forme, ni sa matière, ni ses différentes parties, ni son nom, etc. On laisse simplement l'esprit posé sur l'objet, sans distraction.

Si l'objet choisi est un son, on ne l'analyse pas davantage. On ne pense pas: ceci est le bruit d'une voiture, ceci le bruit d'une moto, ce son est fort, celui-ci est agréable, cet autre désagréable. On demeure dans un état non discursif dans lequel son et esprit ne font qu'un. Prendre le son pour support est très commode pour les personnes qui habitent dans un endroit bruyant. Car, étant intégré à la méditation, il cesse d'être un obstacle.

De la même manière, on peut prendre pour support des odeurs; qu'elles soient agréables ou désagréables, elles sont perçues sans jugement. On peut aussi utiliser les saveurs, en se dégageant des notions de bon ou de mauvais, ou même les objets du toucher. Quel que soit l'objet choisi, esprit et objet font un, sans qu'aucun concept ne soit rajouté.

La pratique trouve un cadre idéal dans un endroit retiré. Dans ce cas, lorsque les sollicitations des objets extérieurs sont peu nombreuses, on laisse l'esprit reposer en lui-même. Sinon, on prend comme support l'objet des sens qui occupe le plus d'importance; une forme visuelle, un son, une odeur, une saveur, etc. Lorsqu'on est débutant dans la méditation, la meilleure manière de faire est de prendre des objets extérieurs comme supports, puis, par courtes périodes, de laisser l'esprit demeurer en lui-même. On procède ainsi alternativement.

NE PAS "PRENDRE" LES PENSÉES

Lorsqu'on médite, s'élèvent des pensées, mais c'est sans importance. Il ne faut pas croire que les pensées sont une mauvaise chose. Ce qui ne veut pas dire non plus que suivre les pensées ne soit pas un inconvénient. En fait, il ne faut ni les suivre ni les rejeter. Il faut simplement ne pas s'en occuper, ne pas se soucier d'elles. Prenons un exemple.

(Bokar Rimpotché prend sur la table devant lui trois objets qui s'y trouvent et les donne à trois personnes différentes: à l'une il donne une clochette, à la seconde le petit objet rituel qu'on appelle un "vajra", à la troisième un verre).

Voilà. Dans cet exemple, je suis moi-même l'esprit qui médite, ayant choisi comme objet la sphère de cristal posée sur la table.

(Bokar Rimpotché demeure le regard fixé sur la sphère de cristal. En même temps, il demande à la première personne de lui tendre la clochette comme pour la lui donner. Bokar Rimpotché se tourne alors vers la personne, s'intéresse à la clochette et, finalement la prend dans ses mains, l'examine, la fait sonner...)

Si je quitte la sphère du regard pour me tourner vers la clochette, c'est la même chose que de suivre une pensée.

(Bokar Rimpotché demande alors à la seconde personne de lui tendre le vajra. Mais, cette fois-ci, il ne détourne pas les yeux de la sphère et laisse la personne le bras tendu, sans la regarder. Enfin, il demande à la troisième personne de lui présenter le verre, mais il n'y prête pas non plus attention.)

Cette fois-ci, même si l'on me propose le vajra, puis le verre, je ne m'en occupe pas. Je reste l'esprit posé sur le support choisi pour la méditation.

Les pensées sont comme des objets qu'on me tend. Même si l'on m'en présente un grand nombre, du moment que je ne me tourne pas vers eux et que je ne les prends pas, c'est sans importance. Si, au contraire, lorsqu'on me tend la clochette, je la prends, la regarde, et me mets à jouer avec elle, je suis alors pris par le jeu des pensées. Je suis distrait et ne médite plus.

Pendant la méditation, on reste l'esprit posé sur l'objet choisi, sans distraction. Les pensées qui peuvent alors s'élever sont sans importance.

On envisage souvent la totalité du chemin comme composée de quatre aspects:

- la "vue", c'est-à-dire la compréhension intellectuelle correcte;
- la méditation;
- la conduite;
- le fruit.

Des deux premiers, la vue est utile et importante, mais la méditation l'est bien davantage. Car c'est elle qui nous apporte un véritable bienfait: par elle vient l'expérience intérieure d'où découlent la paix et le bonheur; par elle on peut se libérer de la souffrance.

5 - LA DÉDICACE

Lorsqu'on a terminé la méditation, on fait la dédicace, c'est-à-dire qu'on forme le souhait que le mérite, à savoir tout le potentiel positif issu de cette méditation, serve au bien de tous les êtres et qu'il nous permette, pour eux, d'obtenir l'Eveil dès cette vie. On souhaite aussi que tous les êtres atteignent rapidement l'Eveil.

Telles sont donc les cinq phases du "mahamoudra en cinq points". Ce sont des instructions directes et profondes de la lignée Kagyupa.

NOTES DU CHAPITRE 6

1 - Les *soutras* peuvent être considérés comme l'enseignement exotérique du Bouddha et les *tantras* comme son enseignement ésotérique.

2 - Il existe de nombreuses formules qui expriment la prise de Refuge et le développement de la bodhichitta. A titre d'exemple, citons l'une des plus brèves qui est aussi l'une des plus communément employées:

Jusqu'à l'Eveil, je prends Refuge en le Bouddha,
le dharma et la sangha sublime.
Par le mérite engendré par ma pratique du don et des autres perfections,
Puissé-je réaliser l'Eveil pour le bien des êtres.

Ou encore:

Avec tous les êtres, mes mères passées,
en nombre infini comme l'espace,
Je prends Refuge en mon Maître, précieux Bouddha,
Je prends Refuge en le Bouddha, le dharma et la sangha,
Je prends Refuge en les maîtres, les yidams et les dames de l'espace, je prends Refuge en mon propre esprit, vacuité-clarté, Corps Absolu.

3 - Les *champs purs* sont des domaines de manifestation créés par les Bouddhas et regardés comme leur "résidence". Ils n'appartiennent pas au samsara, sont libres de la souffrance et permettent aux êtres qui ont la pureté suffisante pour y accéder de progresser rapidement vers l'Eveil.

4 - Les *dix directions*: les quatre points cardinaux, les quatre points intermédiaires, le zénith et le nadir.

5- Les *bodhisattvas*: êtres dotés d'une très haute réalisation mais n'ayant pas encore atteint le plein Eveil. Ils sont regardés comme l'idéal du grand véhicule sur le chemin qui conduit à l'état de Bouddha, car ils se consacrent entièrement au bien des êtres souffrants.

6 - Tchènrézi représente l'infinie compassion de tous les Bouddhas.

Souhaits du mahamoudra

Les *Souhaits du mahamoudra*, composés par le Troisième Karmapa, Rangdjoung Dordjé (1284-1339) sont un des textes les plus célèbres de l'ordre Kagyupa du bouddhisme tibétain. Généralement récitée quotidiennement dans les monastères, cette œuvre se présente à la fois comme une "prière de souhaits" et comme un résumé complet de la voie de la méditation. C'est pour cette raison que nous la donnons ici. On en trouvera une explication très détaillée dans l'ouvrage de Bokar Rimpotché: *L'Aube du mahamoudra*.

Namo Gourou.

1 - Lamas, yidams, divinités des mandalas,
Vainqueurs et leurs fils des dix directions
et des trois temps,
Veuillez tourner vers moi votre esprit d'amour
Afin que mes souhaits par votre grâce
se réalisent tels qu'ils sont.

2 - Issue des montagnes neigeuses de mes pensées
et actes purs,
Ainsi que de ceux de l'infinité des êtres,
Coule la rivière des vertus rassemblées
que ne pollue point la triplicité;
Puisse-t-elle s'épancher dans l'océan
des quatre corps d'un vainqueur.

3 - Jusqu'à leur obtention,
De naissance en naissance, au cours de toutes mes existences,
Sans même entendre les mots «acte négatif» ou «souffrance»,
Puissé-je vivre la plénitude d'un océan de bonheur et d'actes positifs.

4 - Obtenant les libertés et les qualifications les meilleures,
Ayant confiance, diligence et intelligence,
Suivant un bon maître et recevant la sève des instructions,
Sans rencontrer d'obstacle à leur pratique correcte,
Puissé-je, lors de toutes mes vies, mettre à profit le dharma sacré.

5 - L'étude fondée sur la Parole et le raisonnement libère du voile de l'ignorance;
La réflexion sur les instructions directes vainc l'obscurité des doutes;
La lumière née de la méditation rend clair le mode d'être tel qu'il est;
Puisse se développer la luminosité de ces trois intelligences.

6 - Les deux vérités, libres des extrêmes éternalistes et nihilistes, sont le fondement;
Les deux accumulations, libres des extrêmes de l'excès et de la réduction, sont le chemin sublime;
Les deux biens, libres des extrêmes du devenir et de la quiétude, sont le résultat;
Puissé-je rencontrer ce dharma sans détour ni erreur.

*7 - Le fondement de purification: l'esprit-en-soi,
union de la clarté et de la vacuité;
Le purificateur: la pratique adamantine
du mahamoudra;
L'objet de purification: les taches de l'illusion
adventice;
Le résultat de la purification: le dharmakaya
sans tache; puissé-je l'actualiser.*

*8 - Couper court aux spéculations sur le fondement,
c'est l'assurance de la vue;
S'y maintenir sans distraction, c'est le principe
de la méditation;
Fortifier la méditation en toutes circonstances,
c'est l'action supérieure;
Puissé-je avoir l'assurance de la vue,
de la méditation et de l'action.*

*9 - Tous les phénomènes sont une projection
de l'esprit;
L'esprit: il n'y a pas d'esprit, il est vide
d'essence mentale;
Vide, il est en même temps inentravé et se manifeste
en toutes choses;
Puisse un parfait examen trancher
toute indécision.*

*10 - L'auto-manifestation, qui n'a jamais eu
d'existence, est faussement prise pour un objet;
L'auto-connaissance, sous l'emprise de l'ignorance,
est faussement prise pour un moi;
Par la puissance de cette dualité nous errons*

dans l'immensité du samsara;
Puissent être déracinées les méprises issues de l'ignorance.

11 - L'esprit n'est pas existant: les vainqueurs eux-mêmes ne le voient pas;
Il n'est pas inexistant: il est le fondement universel du samsara et du nirvana;
Il n'est pas l'amalgame de contraires, mais l'union, la voie du milieu;
Puissé-je réaliser le cela-même de l'esprit dépourvu d'extrêmes.

12 - On ne peut l'illustrer par aucun: «C'est ceci»;
On ne peut le nier par aucun: «Ce n'est pas cela»;
Le cela-même au-delà de l'intellect est non-composé;
Puissé-je avoir une certitude sur le degré ultime de la réalité authentique.

13 - Lorsqu'il n'est pas réalisé, on tourne dans l'océan du samsara;
Lorsqu'il est réalisé, le bouddha n'est pas ailleurs;
Tout est cela; rien n'est pas cela;
Puissé-je connaître l'arcane du cela-même, fondement universel.

14 - La manifestation est esprit, tout comme le vide est esprit;
La réalisation est esprit, tout comme l'illusion est esprit;
L'origine est esprit, tout comme la cessation est esprit;
Puissent toutes les spéculations être éliminées en l'esprit.

15 - Sans l'altération des efforts d'une méditation discursive,
Sans être troublé non plus par les vents de l'agitation ordinaire,
Sachant poser l'esprit dans le non-faire, établi en lui-même dans l'état primordial,
Puissé-je être qualifié dans la pratique de l'esprit et toujours la maintenir.

16 - Les vagues des pensées, fortes ou subtiles, s'apaisent d'elles-mêmes;
Les flots de l'esprit, sans mouvement, reposent naturellement;
En l'absence des pollutions de la somnolence et de la torpeur,
Puisse l'océan de la paix mentale demeurer dans l'immobilité.

17 - Lorsqu'on regarde sans cesse l'esprit irregardable,
On voit supérieurement, telle quelle, la réalité invisible;
Les doutes sont éliminés sur ce qu'est ou n'est pas la réalité;
Puissé-je connaître mon propre visage, dépouillé de l'illusion.

18 - Lorsqu'on regarde les objets, il n'y a pas d'objets: ils sont vus comme esprit;
Lorsqu'on regarde l'esprit, il n'y a pas d'esprit: il est vide en essence;
Lorsqu'on regarde les deux, la dualité se libère

d'elle-même;
Puissé-je réaliser la claire lumière, le mode d'être
de l'esprit.

19 - Libre des actes du mental,
c'est le mahamoudra;
Libre des extrêmes, c'est la «voie du milieu»;
Puisqu'il englobe tout, on l'appelle encore
le «grand achèvement»;
Puissé-je obtenir l'assurance qui,
en en connaissant un, les réalise tous.

20 - Puisse la grande béatitude, sans attachement,
être sans discontinuité,
La claire lumière sans déterminations
n'être pas recouverte de voiles,
La non-pensée, au-delà de l'intellect,
être spontanément présente;
Puissent ces expériences sans efforts se poursuivre
sans interruption.

21 - La fixation sur les expériences saisies comme
bonnes se libère d'elle-même;
L'illusion des mauvaises pensées s'estompe
naturellement,
La conscience ordinaire est sans rejet
ni acceptation, sans séparation ni obtention;
Puissé-je réaliser la vérité du cela-même,
sans complications mentales.

22 - La nature éternelle des êtres est bouddha;
Mais, ne la réalisant pas, ils errent

dans un samsara sans fin;
Pour les êtres qui y endurent d'infinies souffrances,
Puisse naître en moi une irrépressible compassion.

23 - La dynamique de cette irrépressible
compassion est sans entraves,
Mais, en même temps que l'amour,
la vacuité s'élève dans sa nudité.
Cette sublime voie sans détour qu'est l'union,
Puissé-je ne jamais la quitter, mais la cultiver
nuit et jour.

24 - Puissent, de la force de la méditation,
naître les yeux et les supra-connaissances;
Puissé-je conduire les êtres à maturité et, par la
purification, rendre manifestes
les champs éveillés;
Puissé-je achever les souhaits faits pour
l'actualisation des attributs de bouddha;
Puissé-je, au terme de l'achèvement, de la
maturation et de la purification,
devenir bouddha.

25 - Par la compassion des vainqueurs
et de leurs fils des dix directions,
Par la puissance de toute vertu blanche
qui puisse être,
Puissent mes souhaits purs et ceux de tous les êtres
S'accomplir tels qu'ils sont.

Ces Souhaits du Mahamoudra, la réalité définitive, ont été composés par Rangjoung Dordjé.

Séminaires de méditation avec Bokar Rimpotché

Depuis 1992, Bokar Rimpotché organise chaque année en Inde un séminaire d'étude et de pratique destiné aux Occidentaux, dans le but de les guider sur le chemin très subtil et souvent mal compris de la méditation. Ces séminaires couvrent, sur trois ans, un programme complet:

- la première année est consacrée à l'apprentissage de *chiné* (*samatha*), la pacification mentale; c'est le fondement du chemin méditatif, l'établissement de la non-distraction.
- la seconde année est consacrée à *lhakthong* (*vipasyana*), la vision supérieure : sur la base du calme intérieur, la découverte de ce qu'est vraiment l'esprit (et de ce qu'il n'est pas).
- la troisième année aborde l'union de *chiné* et de *lhakthong*, autrement dit le *mahamoudra*, le sommet de la méditation.

A l'issue des trois ans, l'apprenti méditant possède toutes les instructions pour poursuivre le chemin.

Chaque séminaire propose les trois niveaux. Il est donc toujours possible aux débutants de s'y joindre.

Etant donné la pédagogie propre à Bokar Rimpotché, les personnes ayant déjà une certaine expérience de la méditation doivent néanmoins commencer par le premier niveau.

Le vœu de refuge et le vœu de bodhisattva sont, par ailleurs, conférés à l'occasion de chaque séminaire, afin que l'enseignement de la méditation soit intégré au contexte de la tradition qui lui donne tout son sens et toute sa force.

Les séminaires comprennent chaque jour plusieurs heures d'enseignement et de méditation avec Bokar Rimpotché, gérées de telle manière qu'elles n'entraînent ni fatigue, ni lassitude.

Bokar Rimpotché ne conçoit pas ces rencontres comme des éléments isolés, mais comme une base d'étude qui n'a de sens que par la suite qui lui est donnée. C'est pourquoi il demande aux participants de prendre l'engagement d'exécuter un programme annuel. Ce programme comprend une demi-heure par jour environ de méditation proprement dite (*chiné* ou *lhakthong*) ainsi que des pratiques de purification et d'accumulation de mérite (environ une demi-heure par jour aussi).

Participer aux séminaires implique deux conditions :

- étant donné qu'ils s'inscrivent dans un contexte bouddhiste traditionnel, il est nécessaire d'avoir pris refuge ou de vouloir le faire sur place;
- il faut surtout avoir une motivation profonde et sérieuse; d'autres rencontres permettent de se faire une

idée du bouddhisme, d'observer de l'extérieur, de décider ou non de pratiquer. Ici, il est nécessaire de prendre, en s'inscrivant, la décision de s'engager sur le chemin de la méditation et de se donner les moyens de le faire en observant le programme annuel.

Cet engagement a sa raison d'être : tous ceux qui ont participé aux séminaires jusqu'à présent et ont accompli le programme annuel en ont retiré d'immenses bienfaits.

Les personnes intéressées par ces séminaires peuvent demander une présentation complète à:

Editions Claire Lumière
Mas Vinsargues
13116 Vernègues

Aux éditions Claire Lumière

disponibles en librairie ou par correspondance
(voir adresse au début de ce livre)

Guide du Tibet en France et en Europe

Nombreux sont ceux qui s'intéressent au Tibet : parce qu'ils y découvrent une civilisation extraordinaire, parce qu'ils y trouvent une spiritualité profonde, parce qu'ils y rencontrent une population attachante et qui souffre.

A quelle porte frapper ? Où trouver des informations, des réponses, des moyens d'agir ?

Le *Guide du Tibet en France et en Europe* donne toutes les adresses et tous les renseignements utiles.
(72 pages - 38 F)

BOKAR RIMPOTCHÉ

Le vœu de Bodhisattva

Le bouddhisme mahayana, le “grand véhicule”, trouve l'incarnation de son idéal en la personne du bodhisattva, celui qui se voue à l'obtention de l'Eveil dans le but de soulager tous les êtres de leurs souffrances.

Le premier pas sur la voie de cet idéal consiste à prendre le “vœu de bodhisattva”.

Le propos de ce petit livre est de présenter un exposé clair de la nature de ce vœu et de ses implications: qu'est-ce qu'un bodhisattva, qu'est-ce que la bodhichitta, à quoi engage le vœu, etc.

(128 pages - 75 F)

BOKAR RIMPOTCHÉ

La Méditation

CONSEILS AUX DÉBUTANTS

Cet ouvrage complète très harmonieusement *Savoir méditer.* Qu'il soit lu avant ou après, il apporte d'autres éclairages et d'autres précisions, ainsi que des photographies illustrant la posture de méditation. Offrant l'avantage d'une présentation quasi dénuée de technicité et rendu très accessible par nombre d'exemples pris dans notre vie quotidienne, cet ouvrage, vendu à plus de 10 000 exemplaires, traduit dans de nombreuses langues, est devenu un classique en la matière.

(88 pages - 60 F)

NATHALIE GYATSO

Vers l'Art Sacré du Tibet

Nathalie Gyatso habite depuis huit ans, une année sur deux, dans les communautés tibétaines de l'Inde. Elle y poursuit l'apprentissage de la peinture de thangkas parallèlement à sa pratique photographique.

Son livre est ainsi le fruit d'un itinéraire personnel : celui d'une plasticienne qui, se posant les questions essentielles de l'art contemporain, découvre la peinture tibétaine, l'étudie et la pratique en Inde auprès de ses plus grands maîtres actuels.

Elle ne parle donc pas seulement en historienne de l'art, mais nous invite à partager un monde qu'elle approche de l'intérieur et qu'elle aime avec passion.

(254 pages - 148 F)

LE DALAÏ-LAMA

Une Politique de la Bonté

Chassé de son pays par des conquérants en armes, témoin du martyr de son peuple, le Dalaï-Lama n'en persiste pas moins à se vouloir porteur d'un message de Paix. Que dit-il? Qu'il est bon d'être bon!

Il ne nous parle pas de créer un homme nouveau au prix d'incertaines révolutions. Non, il nous suggère simplement d'élargir, de faire fructifier la parcelle de bonté dont nous sommes tous héritiers. En nous, d'abord, car qui peut vraiment donner ce qu'il ne possède pas? Puis de porter le fruit de cet épanouissement sur un autre terrain, celui de la société.

Montesquieu nous a appris, à nous Français, qu'il faut à la Chose Publique des hommes de vertus. En voici un, qui nous invite à pratiquer tout de suite la plus claire d'entre elles : la bonté. De texte en texte, et surtout par l'exemple, il nous en enseigne le chemin.

Cette anthologie de textes essentiels du Dalaï-Lama, traduite de l'anglais, a connu un grand succès aux Etats-Unis, où 60 000 exemplaires ont été vendus.

(192 pages - 85 F)

SA SAINTETÉ LE DALAÏ-LAMA
JOHN NEWMAN - ROGER JACKSON - GUÉSHÉ LHUNDUB SOPA

Kalachakra

LE PLUS HAUT DES TANTRAS BOUDDHISTES

Kalachakra, la "Roue du Temps", est un des plus profonds systèmes tantriques bouddhistes. On y rencontre des données astrologiques et physiologiques, des prophéties, et, plus encore, un ensemble de techniques méditatives qui, tout en prenant en compte la totalité de la manifestation, conduit au parfait Eveil.

Son origine mystique, ses liens avec l'étrange pays de Shambhala, sa connexion avec un futur âge d'or, l'aura de mystère et de grandeur qui l'entoure, semblent exercer un attrait particulier sur un très vaste public. En témoignent les foules qui se pressent pour en recevoir l'initiation, notamment lorsqu'elle est donnée par Sa Sainteté le Dalaï-Lama.

Malgré cet attrait, on ne trouve guère de documents sur la question. Le présent ouvrage vise à combler ce manque en apportant d'importants éclairages sur les principaux aspects de Kalachakra.

Rédigés par des experts en la matière, les différents chapitres livrent des informations de première main qui susciteront l'intérêt de ceux qui s'interrogent en profondeur sur le bouddhisme tibétain et, plus encore, de ceux qui ont pu recevoir l'initiation de Kalachakra.

(192 pages - 148 F)

Impressions DUMAS
42100 SAINT-ÉTIENNE
Dépôt légal : juillet 1998
N° d'imprimeur : 34532

Imprimé en France